三社联建
与
乡村振兴

合作社、信用社与供销社综合改革的
"榕江探索"

THREE TYPES OF COOPERATIVES JOINT CONSTRUCTION
AND RURAL REVITALIZATION

"RONGJIANG EXPLORATION" ON
THE COMPREHENSIVE REFORM OF COOPERATIVES,
CREDIT COOPERATIVES AND SUPPLY
AND MARKETING COOPERATIVES

李建军　伍国勇　等　著

社会科学文献出版社
SOCIAL SCIENCES ACADEMIC PRESS (CHINA)

上图：锦绣榕城（吴德平　摄）

下图：车江大坝的稻田（吴汉军　摄）

上图：巍巍古榕（吴德平　摄）

下图：阳开苗寨（杨希　摄）

上图：立冬农事忙（李长华　摄）

下图：古州镇牛背坡脐橙基地（李长华　摄）

上图：乐里镇平相村西门塔尔肉牛繁殖养殖基地（李长华　摄）

下图：孔明山下美家园·加宜村（况在泉　摄）

序　言

　　农为邦本，本固邦宁。对于我国这样一个有悠久农业历史的人口大国来说，"三农"问题至关重要，无论怎样强调都不为过。党和国家也一直把解决好"三农"问题作为工作的重中之重。自2004年到2022年，中共中央、国务院已经连续19年发布关于"三农"工作的"中央一号文件"。尽管随着我国工业化的快速发展，农业在我国GDP中的比重快速下降，到2021年增加值占国内生产总值的7.3%，但这绝不意味着可以忽视农业。实际上，农业的重要性不能仅仅以在GDP中的占比来衡量，农业作为国家的战略产业，粮食安全直接关系到国家的安全。为此，习近平总书记多次强调，要牢牢把住粮食安全主动权，始终牢牢端稳自己的饭碗，才能为保持平稳健康的经济环境、国泰民安的社会环境提供更加坚实的支撑。改革开放以来，我国经历了世界历史上规模最大、速度最快的城镇化进程，常住人口城镇化率从1978年的近17.92%上升到2021年的64.7%，但即便是到了2021年，按照常住人口计算，我国农村仍有接近5亿农民，而如果按照户籍人口计算，则农村人口数量要多于城镇人口。2021年，我国仍有近3亿农民工，如此庞大的农民工进城必然是一个缓慢和渐进的过程，而在城镇完全吸纳这些农民工之前，农村仍然是这些常年在外的农民工和常住农村的农民的重要生产生活场所。可见，无论是从哪个角度，我们都应该做好"三农"工作。

　　实际上，在近些年的城镇化和工业化背景下，以农业为主的农村尽管从绝对值上获得了快速发展，但从相对值来看，城乡差距仍然非常明

1

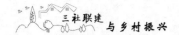

显。2020 年，我国城乡居民人均可支配收入之比已经从 2009 年最高峰的 3.33∶1 降到了 2.56∶1，但根据世界银行的统计，绝大多数发展中国家的城市居民收入是农村居民收入的 1.5 倍，超过 3 倍的情况十分罕见，而发达国家的城乡收入比更低。就我国而言，如果把城镇的实物性收入、隐形补贴和社会福利等都算在内，我国城乡居民之间的生活差距就更大。一个贫弱的农村无法支撑起一个现代化的中国，党的十九大强调，坚持把解决"三农"问题作为全党工作的重中之重，举全党全社会之力推动乡村振兴。

面对日益专业化和高度复杂的市场，我国"人均一亩三分，户均不过十亩"的众多分散的小农户如何与之对接，成为值得高度关注的问题。实践证明，将农民组织起来是带动农民致富的重要方式。近年来，农民合作社这种组织形式在我国农村如雨后春笋般不断涌现。从全世界来看，目前约有 2.8 亿人口在合作社中就业，约占世界就业人口的10%。2015 年我国登记注册的农民合作社就已经达到约 153.1 万家，实际入社农户约 10090 万户，约占当时农户总数的 42%，可见农民合作社在我国"三农"工作中发挥的重要作用。截至 2021 年 4 月底，全国依法登记的农民合作社达到 225.9 万家，联合社超过 1.4 万家。但不可否认的是，并不是所有的农民合作社都能够运转良好，因此，如何建立健全有效的农民合作社运转机制，就显得至关重要。

党的十九届四中全会提出推进国家治理体系和治理能力现代化。政策实验作为一项制度创新，已经有效嵌入国家和地方现代化建设的各个领域，成为国家和地方政策制定的关键抓手。回顾历史，包括家庭联产承包责任制在内的一系列好的制度都是广大人民群众通过实验而建立起来的。我国是一个拥有 960 万平方公里和 14 亿多人口的大国，在现阶段仍然存在发展不平衡不充分等诸多问题，东中西部之间存在经济上的发展不平衡，南中北部则存在文化上的差异，城乡之间也仍然存在着制度上的一系列隔阂。为此，各地根据自身情况，发挥主观能动性，充分调动人民群众改革创新的内生动力，进行实践创新就显得尤为重要。

农民合作社作为重要的新型农业经营主体，在乡村振兴中发挥着重要作用。贵州省榕江县作为国家扶贫开发重点县，面对突如其来的新冠肺炎疫情，迎难而上，创造性地以农民合作社为基础，创新探索出了"合作社＋信用社＋供销社"的"三社联建"做法，这种创新有效结合了三者之间的优势，以信用社补齐合作社发展中的管理短板，以供销社补齐合作社发展中的市场短板，实现了三者的共赢，可以说是一种非常有意义的尝试和创新。

是为序。

全国人大常委会委员、社会建设委员会副主任委员

中国社会科学院社会政法学部主任、学部委员

李铁林

2022 年 9 月 20 日

前　言

　　作为服务和联系农民最广泛、最紧密的互助性经济组织，农民专业合作社是乡村振兴背景下推动农村产业发展的有效载体，是衔接小农户与大市场的重要桥梁，是带动农户增收致富的有力抓手，是纵深推进乡村振兴的中坚力量。农民专业合作社在实现产业兴旺、生态宜居、乡风文明、治理有效、生活富裕等方面发挥着积极作用。习近平总书记指出，农民专业合作社是市场经济条件下发展适度规模经营、发展现代农业的有效组织形式，有利于提高农业科技水平、提高农民科技文化素质、提高农业综合经营效益。随着我国已取得了脱贫攻坚胜利，贵州省已经撕掉了绝对贫困的标签，如何实现巩固脱贫攻坚成果与乡村振兴的有效衔接是当前和今后一个时期摆在贵州"三农"发展中的重大课题。榕江县作为贵州省黔东南苗族侗族自治州脱贫攻坚的主阵地，是全省最后9个出列的贫困县之一，是全国最后52个出列的贫困县之一，具有鲜活的样本性和典型性。2020年面对突如其来的新冠肺炎疫情，榕江县委、县政府审时度势，勇于创新，创造性提出了"合作社+信用社+供销社"的"三社联建"做法。该做法直击疫情之下农民专业合作社存在的短板，为乡村振兴阶段农民专业合作社高质量发展提供了有益的经验借鉴。通过"合作社+信用社"，信用社充分发挥财务指导员和产业指导员的优势，补齐了合作社发展中的管理短板。通过"合作社+供销社"，供销社充分发挥农资指导员和销售指导员的优势，补齐了合作社发展过程中的市场短板。这是乡村振兴背景下我国农村基层组织治

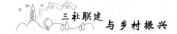

理方式的有效创新,是打通农村普惠金融"最后一公里"的关键举措,是实现乡村组织振兴的重要法宝。"三社联建"联的是三方主体的各自优势,建的是通过推动合作社高质量发展实现三方利益共赢。

本书旨在站在第三方的客观角度,拟从背景、改革、案例、媒体和观点五个维度分别揭示"三社联建"的特征与内涵。具体而言,"背景篇"旨在以问题为导向,揭示榕江县委、县政府提出"三社联建"的宏观和微观背景;"改革篇"旨在以结果为导向,用具体的成效佐证"三社联建"的科学合理性;"案例篇"旨在以故事为导向,通过鲜活生动的案例揭示"三社联建"在不同性质产业中助推农民专业合作社发展的适用性;"媒体篇"旨在以宣传为导向,揭示"三社联建"在国内省级以上媒体中的影响力和关注度;"观点篇"旨在以学术为导向,通过不同学者从不同专业进行解读,揭示"三社联建"的内在机理和学术基础,为"三社联建"的推广提供理论参考。

全书内容写作分工如下:汪磊执笔背景篇、改革篇和案例篇中的第四节;曾春花负责案例篇中的第一节和观点篇中的第二节;李文钢执笔案例篇中的第二节和观点篇中的第三节;唐小平执笔案例篇中的第三节和观点篇中的第四节;袁鹏举执笔案例篇中的第五节和观点篇中的第五节;伍国勇执笔观点篇中的第六节,并负责课题调研组织及研究人员安排、全书撰写方案拟定、初稿统稿及修改审核、联系出版等事宜;李建军负责全书的思路指导、框架搭建把关、项目支持及全书最后统稿和出版审定。全书围绕"三社联建"展开,所有相关数据和资料来源于实地调研,以及由榕江县有关部门、合作社提供。全书真实记录了"三社联建"的具体做法及经验,凝练了"三社联建"在提升农民专业合作社治理能力方面的成功经验,阐明了"三社联建"的学理基础与内在机理,以期为乡村振兴背景下县域农村经济高质量发展提供榕江样本,奉献榕江经验。

目　录

第一章

背景篇 | 问题中的"三社联建"

第一节　农民合作社的内涵及功能定位

一　农民合作社的权威定义

根据 2017 年 12 月 27 日第十二届全国人民代表大会常务委员会第三十一次会议修订的《中华人民共和国农民专业合作社法》（以下简称《农民专业合作社法》）的表述，农民专业合作社①是在农村家庭承包经营基础上，农产品的生产经营者或者农业生产经营服务的提供者、利用者，自愿联合、民主管理的互助性经济组织。农民专业合作社是为解决市场经济新形势下农户分散小生产与大市场之间的矛盾，是生产产品或提供服务的农户组成的市场主体，以其成员为主要服务对象，提供农业生产资料的购买，农产品的销售、加工、运输、贮藏以及与农业生产经营有关的技术、信息等服务。合作社的本质是一种"弱者联盟"，将同为"弱者"的农户团结起来为实现某一具体目标对外进行协同谈判，对内进行资源整合，统一管理，维护农户利益。与公司制的最大区别在于，合作社是人的联合（公平），而不是资本的联合（效率）。

---

① "农民专业合作社"和"农民合作社"在本书中未做概念上的严格区分。

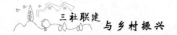
二 农民合作社的表述变迁

农民合作社是从众多的农民合作组织中逐步演化而来的一种类型，一开始并不存在真正意义上的农民合作社。在农村改革初期，党中央的一系列会议文件，包括1982～1986年的中央文件中，一般不用"合作社"的提法，而是笼统地称为"合作组织"或"合作经济组织"；2004～2007年的"中央一号文件"一般用"专业合作组织"；2008年的"中央一号文件"同时有"专业合作组织"和"专业合作社"两个称谓；2009～2012年的"中央一号文件"统一用"专业合作社"；从2013年"中央一号文件"开始，中央不再沿用"农民专业合作社"的旧提法，而是改称"农民合作社"，其用意在于引导合作社的综合性发展而不是单纯的"专业合作"，把合作社建设成为宽领域、多功能的综合性服务组织。2017年的"中央一号文件"在论及农民合作社发展时则首次明确提出，要"积极发展生产、供销、信用'三位一体'综合合作"，即在条件好、实力强的单个合作社内，同时开展生产、供销、信用三方面的合作与服务，从而促进专业型合作社向综合型合作社的转换升级。

三 农民合作社的功能定位

2007年"中央一号文件"首次将合作社定位为"适应现代农业发展要求的经营主体"。同年7月施行的《农民专业合作社法》将农民"合作组织"改称农民"合作社"。2008年党的十七届三中全会提出，必须"扶持农民专业合作社加快发展，使之成为引领农民参与国内外市场竞争的现代农业经营组织"。这是在中央文件中首次提出把农民合作社定位为"现代农业经营组织"，并支持其开展规模经营、提供多种形式的生产经营服务。此后至今，在每年的"中央一号文件"中，均明确以"现代农业经营组织"来定位农民合作社。总体而言，国家对农民合作社的功能定位，已由传统的市场流通中介组织转变为现代农业经营组织。

第二节　发展农民合作社的重大意义

农民合作社作为重要的新型农业经营主体之一，在乡村振兴中具有整合社会资源、优化要素配置、推动规模经营、促进农业现代化等系列功能。经历了粗放式数量增长之后，农民合作社面临着由数量增长向质量效益转型的现实要求。农民合作社是从事生产经营的农民基于共同的需要而联合起来的群众性农业经济组织。农民组建或加入合作社主要是期望通过开展联合互助、资源共享、共同经营来实现农业经营规模效应，并提高经营效益。农民合作社作为农村经济发展的基本单元，是实施产业规模化发展、提升农民组织化程度、带动农民增收致富、推动农业现代化进程的重要载体。2007 年《农民专业合作社法》颁布实施以来，农民合作社在全国各地遍地开花、蓬勃发展。2016 年，习近平总书记在黑龙江考察时就明确指出，农业合作社是发展方向，有助于农业现代化路子走得稳、步子迈得开。① 2020 年，习近平总书记在吉林省考察时指出，要突出抓好家庭农场和农民合作社两类农业经营主体，鼓励各地因地制宜探索不同的专业合作社模式。② 2021 年的"中央一号文件"明确提出，推动农民合作社提升质量，加大对运行规范的农民合作社的扶持力度。随着高质量发展成为我国经济社会发展的主题，"高质量"同样成为农民合作社未来发展的主要目标。

---

① 《习近平黑龙江考察：农业合作社是发展方向》，人民网 http://cpc.people.com.cn/n1/2016/0525/c64094-28378088.html?ivk_sa=1024320u，最后访问日期：2022 年 10 月 19 日。

② 《稳定提升粮食综合生产能力　推进农业农村现代化发展——习近平在吉林考察时的重要讲话引发强烈反响》，http://china.cnr.cn/news/20200726/t20200726_525181386.shtml，最后访问日期：2022 年 10 月 19 日。

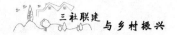
第三节　我国农民合作社的演化发展阶段

（一）第一阶段（1978年至20世纪90年代初期）

随着人民公社的解体，1978年以后中国启动了两项农村改革：一是实行家庭联产承包责任制，二是推进农副产品市场化改革。前者重新确立了小农户在农业生产中的基础地位，使农村合作经济初步具备了按照真正合作组织原则发展的环境与条件，使农村合作组织的重新产生成为可能。后者一方面使农产品价格获得较大提高，农民的收益明显增加，获得了一定的财富积累，从而为农民合作组织的产生创造了物质条件，另一方面把一盘散沙、相对弱势且对市场信息不灵敏的小农经济卷入了竞争日益激烈的市场。而为了防范市场的风险，农民又产生了互助合作的需求。至此，农民合作组织的出现已经有了现实的需求和广泛的民意基础。这一时期的农业合作组织还处于起步阶段，甚至都不能称作真正的合作组织。

（二）第二阶段（20世纪90年代初至2006年）

自1992年邓小平南方谈话后，我国确定了社会主义市场经济体制改革目标，而国民经济也不断向市场经济方向迈进。与此同时，农村经济也加快了向市场经济转换的步伐。市场经济的发展，使得"小农户"与"大市场"的矛盾日趋尖锐。这时候，农民就迫切需要一个可以在农民和市场之间相互沟通的组织，而农业产业化的迅速发展，也需要一个组织来统一连接和协调各个环节，以保障其能正常运行。这一时期也是农村合作组织成长和发展的一个重要时期。这一阶段农民合作组织的兴办形式还是以能人和专业大户为主，合作内容以技术合作为主。

（三）第三阶段（2006年至今）

2006年"中央一号文件"即《中共中央　国务院关于推进社会主义新农村建设的若干意见》强调："要着力培育一批竞争力、带动力强的龙头企业和企业集群示范基地，推广龙头企业、合作组织与农户有机结合的组织形式。""积极引导和支持农民发展各类专业合作经济组织，加快立法进程，加大扶持力度，建立有利于农民合作经济组织发展的信贷、财税和登记等制度。"这也标志着中共十六届五中全会提出的建设社会主义新农村的重大历史任务，在 2006 年迈出了有力的一步。而在此前一段时期也有一个很现实的问题，国家长期以来一直将农民合作社当作推行政策的工具，并没有将其作为经济主体或法律主体对待，这也导致了农民合作社在很长一段时间内法律地位不明确，甚至发展陷入低迷。直到 2006 年 10 月 31 日《农民专业合作社法》颁布，才结束了农民专业合作社长期的法律地位不明确、无法可依的尴尬状态。自此以后，我国每年的"中央一号文件"都强调农民专业合作社的重要性。2013 年，将"农民专业合作社"更名为"农民合作社"，并于 2017 年修订了《农民专业合作社法》。2017 年新修订的《农民专业合作社法》让合作社业务领域更加丰富，合作联合的层级获得提升。

第四节　榕江县农民合作社发展存在的问题

2020 年，面对突如其来的新冠肺炎疫情，榕江县农民合作社出现了市场需求萎缩、劳动力短缺、产业选择决策艰难等诸多问题。通过对榕江全县农民合作社基本情况的实地调研和深度访谈，我们发现，正常运营的农民合作社有 342 家，但普遍存在一些亟待解决的问题，主要表现在以下几个方面。

第一，内部治理不完善。部分合作社未结合自己的经营业务制定相关章程，制度尚未建立或不健全，对社员的约束性不强，有效的管理机制基本缺失，社务不公开，合作社与社员之间存在着严重的信息不对称，民主监督缺位，运作和管理随意性大，生产经营"各自为阵""合而不作"。

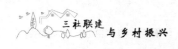

第二，产权关系不明晰。多数合作社未建立完善的股东权益和利润分配机制，存在部分股东"入股了之"的情况，合作社产权不明晰，权责及风险分担不明确。

第三，市场拓展能力弱。部分合作社市场拓展能力较弱，销售渠道单一，经营分散，农产品滞销，因而影响了其发展壮大。尤其是，受疫情影响，以往的销售通道基本上堵塞，市场风险显著增大。

第四，产业发展盲目。部分合作社未结合当地实际选择产业，盲目"跟风"，习惯于别人种什么、养什么自己就跟着种什么、养什么，随意性强。缺乏对产业选择基本要求的理解，比如未能结合当地的土壤、气候、水源、地形、生态、交通以及市场的诸多因素科学合理地来选择产业。大多数农民合作社都是别人怎么做自己就怎么做。往往产业选择不对路导致生产经营失败。

第五，财务规范管理有待加强。有的合作社没有专门的财务人员，财务由法定代表人来负责；有的合作社没有自己的办公场所或办公场所太简陋；大部分合作社没有制定相关财务管理制度，重产业轻财务管理。加之财务信息不公开，社员之间的信任程度较低，合作社的信任基础面临着巨大考验。

第六，规模化程度低，抵抗风险能力差。大多数合作社都是在比较仓促的情况下组建的，后来社员逐渐退出，从而导致合作社经营不善，最终成为"空壳社""僵尸社"。同时，合作社的综合管理能力较低，管理人才普遍缺乏。尤其是，合作社带头人的综合素质不高，不具备基本的管理技能。另外，因缺乏专业财务人员，未能实现会计账务、凭证的规范管理。

第七，基础设施建设落后，产业转型难度较大。基础设施建设是农村发展的必要条件，但农民合作社普遍存在周边交通条件差，厂房设施简陋，环境脏、乱、差等。尤其是，部分农民专业合作社扩大产业规模所需的产业道路等的"最后一公里"还未完全打通。

第二章

改革篇 ｜ 政策中的"三社联建"

第一节 榕江县"三社联建"改革实践

榕江县"三社联建"改革，是以促进合作社高质量发展、增加农民收入为核心，以"农信社＋合作社"和"供销社＋合作社"双线共进为推进模式，以产业指导、财务指导、农资指导、销售指导"四员指导"为主要内容，将生产、供销、信用三大功能集于一体，实现标准化生产、规模化经营、社会化服务、政策支持、产业集聚、一二三产融合发展等多项功能一体推进的综合改革。

一 "信用社＋合作社"

近年来，榕江县合作社发展迅速，但也存在"自由、散漫、无序、将就"的经营乱象，亟须规范。农信社具有"基层覆盖面广、员工素质较高、掌握信息精准、市场反应灵敏、项目审查科学"等多重优势，是农村传播金融财务知识的主力军。经榕江县委、县政府部署协调，榕江农信社选派思想政治素质好、懂农、知农、爱农的4名片区金融指导员、20名"财务顾问"、92名业务骨干组建"产业指导员"和"财务指导员"队伍，并建立考核细则及奖励机制；将各级产业政策梳理汇编成《榕江县"社社（行）联建"产业指导员、财务指导员培训

教材》①，对全县合作社开展以会代训、集中培训、"一对一"指导等活动，帮助合作社理清发展思路、选准发展产业、强化成本核算、规范财务管理，有效提升了合作社的规范运营水平。

1. 产业指导破"产业不明"

一是分析产业脉络。选派熟悉产业、经验丰富的员工担任产业指导员，对合作社经营产业进行财务指标分析。从基础设施投入、原材料采购成本、日常管理成本、劳务支出、销售收入、成本回收周期等要素方面，对合作社当前产业全流程进行分析，让合作社清晰知道哪些环节可以进一步节约成本、什么地方投入过大、该产业是否值得继续发展。二是观察市场风险。结合当前市场行情和政策法规等要素进行市场风险评估。受新冠肺炎疫情影响，一些农产品销路受阻，一些养殖，如竹鼠、蓝孔雀等被国家列入禁养名录，产业指导员针对风险，结合合作社产业技术能力和基础设施条件，引导合作社转向风险率低、市场行情优的产业。例如古州镇高文村惠农种养殖农民专业合作社，2020年以前是榕江县香葱产量最大的合作社，但受疫情影响香葱无处销售。通过产业指导员的分析指导，合作社转型种植百香果，取得良好效果。三是推主导产业。对产业发展思路不清晰的合作社进行分类指导。通过发放《榕江县"社社（行）联建"产业指导培训教材》和现场讲解等方式，积极引导合作社向县"六大产业"转型，确保技术、管控、采摘、加工和销售等一系列环节得到保障，获得更多政策支持。2020年，全县已有278家合作社确定了产业发展方向。从省、州谋划的重点产业和"6＋3"产业中选择发展相关产业的农民专业合作社占比达74.26%，有力地推动了全县产业的规模化。

2. 财务指导解"账目不清"

一是建财务制度。建立并完善合作社财务管理制度，允分发挥监事

① 为与"三社联建"对应，本书中除媒体篇、文件中使用"社社（行）联建"外，统一使用"社社联建"。

会对财务的监管职责，进而解决合作社内部由收支不清、盈亏不明造成的社员之间相互猜疑、互不信任等内部矛盾。栽麻镇大利村泰如种养植农民专业合作社在开展联建前财务管理混乱，在联建后在财务指导员帮助下，建立了完整的"会计凭证档案"和"财务收支明细账簿"，每笔开支一清二楚，消除了社员间的猜疑，促进了合作社的规范化发展。二是育财务能手。选择合作社中文化水平较高的 1 名成员作为财务人员培育对象，由财务指导员对其进行指导。因合作社财务人员的接受水平较低，指导员并不急着教他们做会计账，而是教他们先完成流水账，优先解决合作社账务混乱这一基本问题。三是理财务账本。通过对各片区分别进行集中培训，让合作社财务人员初步了解财务的重要性和记账流程；一对一指导，从整理票据到登记入账，手把手指导合作社财务人员完成记账；远程辅导，通过微信、QQ、电话等远程信息工具，随时解答合作社财务人员在记账过程中遇到的难题，形成长效互助机制。截至 2020 年底，农信社对接合作社 384 家，培育财务人员 384 人，为 330 家合作社建立了规范的财务制度，为 360 家合作社建立了规范账本，为 358 家合作社完成了现有资金记账。

二 "供销社 + 合作社"

通过前期"社社联建"引导规范，合作社内部财务管理跟上了，产业规模壮大了。但无论是"工业品下乡"还是"农产品进城"，都亟须加强外部联结，畅通市场渠道。"三社联建"改革把供销社纳入进来，利用其农村流通领域传统优势，建立了"县级供销社 + 片区联络员 + 基层供销社"的供销服务体系，建起了"工业品下乡"与"农产品进城"的双向便捷通道。县级供销社汇总市场信息，定期研判、抓好调度；片区联络员当好信息员、监督员，做好政策解释工作和督促农资指导员、销售指导员履行职责；基层供销社以月为单位，制订工作计划，积极对接合作社开展基本情况调查、需求统计、农资配送、预售信

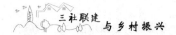

息等基础工作，做好农资指导和销售指导，实现农资供应有保障、农产品销售有市场。供销社通过努力，为合作社打造电商平台、直销平台、合作平台、物流平台，多形式探索产销对接新模式，为合作社发展贡献了供销力量，"老供销"展现出为农服务"新作为"。供销社自身也优化了经营，提升了实力。

1. 农资指导助"工业品下乡"

一是访农资需求。农资指导员定期对全县合作社开展农资需求摸排，采集肥料、地膜、种苗、农药、农机等生产物资的产品型号和需求数量信息，以"社区团购"的市场经营理念，统一采购。二是抓订单供应。供销社优先选定口碑好、质量优、资质全的农资企业并与之合作，提前询价，并将各类农资产品价格告知合作社负责人，遵循合作社自愿购买的市场原则，以订单采购的方式及时供货并配送，从采购端上为合作社节约生产成本的同时保障全县农资储备。截至 2021 底，榕江县供销社已为全县合作社提供各类农资 2413 吨，帮助降低农资采购成本 48 万余元，节省了 10% 左右的采购成本。三是优后续服务。在农资使用过程中全流程跟踪，指导农户科学施肥，合理用药。对采购量大的农资，邀请企业技术专家到各辖区开展培训；对临时出现的病虫害，及时与农资企业技术专家沟通，以防止农产品大面积受损，有效降低产业风险。截至 2021 年底，到合作社开展农资使用技术指导 92 次。

2. 销售指导推"农产品进城"

一是寻订单种植。销售指导员通过线上洽谈、寻合作意向，线下考察、落实签约，为合作社与销售企业签订农产品购销合同牵线搭桥，保证农产品收购。如积极对接贵阳客商来榕江县进行南瓜订单种植洽谈，收购商先付定金并且签订合同，承诺以保底价每斤 0.3 元收购。二是促产销衔接。供销社结合全县农产品预计产出情况，有针对性地寻找销售渠道。例如，三江乡桥乌村村集体经济合作社大叶青菜滞销，经供销社对接，贵阳蔬菜经销商以 1.6 元/公斤的价格全部收购。三是建信息平台。建立农产品销售信息发布微信群，提前将采购信息告知合作社，由合作社根据自身产品销售情况进行选择，从而为合作社提供了更多的销售渠道。自2021年开始，供销社发布销售信息60条，帮助合作社完成销售蔬菜15吨、鸡3200羽、板蓝根苗1100万株，实现交易额108万余元。

第二节　榕江县"三社联建"改革成效

"三社联建"作为榕江县破解"三农"问题的切入点、乡村振兴的"总牵引"，形成了生产、供销、信用的协同效应，破解了农业生产组织化难、农民经营市场化难、农村金融普惠化难的"三化"难题，加快了要素流动、发展转变、制度完善、一二三产融合的"四个推进"，助推了乡村产业、人才、文化、生态、组织"五个振兴"，促进了农村经济社会高质量发展。

一　破解"三农"问题、"三化"难题

1. 破解农业生产组织化难题

农业生产组织化程度低，抵御市场风险能力弱，一直是制约农业经营效益与农民收入水平提高的重要因素。"三社联建"改革为解决农业生产"散小弱"问题、提高农业生产组织化程度做出了贡献。首先，在产业指导方面，很多合作社在产业指导员的帮助下，及时调整不适宜产业，积极转到县委、县政府谋划确定的"果、蔬、药、菌、猪、鸡"六大产业。目前，已有200家合作社实现转产，发展榕江县六大产业的合作社占比达71.9%。其次，在财务指导方面，帮助合作社建章立制，规范内部管理尤其是财务管理，拓展经营范围和服务领域，吸引更多的农户加入到合作组织中来。截至2020年8月，已有3.6万余户农民加入合作社，占比为45.86%。再次，在贷款担保方面，已有82家合作社的股东在农信社获得各类优惠贷款共4881.98万元，为合作社扩大生产

经营规模提供了资金支持。最后，在农资指导和销售指导方面，大力发展农村流通服务组织，不断壮大农产品运销队伍，推动种养、产销一体化发展，实现了货畅其流，发挥了现代农产品流通体系的引导和拉动作用，提高了农户生产的组织化程度。

2. 破解农民经营市场化难题

现如今农村市场化程度不断提高，但小农户对接大市场难的问题仍存在。"三社联建"改革以多个合作经济组织的联合合作，促进了大组织、大平台与小组织、小农户的有机结合，为家庭经营进一步走向市场开辟了新的空间。合作社在链接市场和农户，在以市场信息优势指导农民开展种植、养殖方面起到了极大的促进作用，聚拢了更多农户"抱团闯市场"。农信社以"两员"指导为主要抓手，为农民发展产业提供信贷支持，为农民高效对接市场出谋划策，加速了从"提篮小卖"到市场化经营的转变。供销社经营服务网络联城带乡，自"三社联建"改革以来，通过联合合作、产业带动、流通引领、技术服务等多种形式，帮助农户解决了"买贵卖难"问题。一方面，加大优质安全商品供应，营造便利、安全、实惠的消费环境；另一方面，大力推进多种形式的产销对接，促进农产品进机关、进学校、进企业、进超市。2020年8月至12月，供销社帮助全县定向直供直销农产品1813.62吨，实现销售收入2322.08万元；采取订单模式，销售生态家禽（瑶山鸡）5014羽，销售额37.6万元；通过直播带货活动销售瑶山鸡、三黄鸡、牛香吧、红薯干等16款农产品，销售收入共计66.64万余元。

3. 破解农村金融普惠化难题

金融是实体经济运行的血脉，也是农村发展的短板。"三社联建"为农信社延伸普惠金融服务提供了组织载体，搭建了有效平台。一方面，农信社以产业、财务指导为手段，使业务对象由分散农户变为规模合作社，由零散、小额的零售业务变为批发业务，并利用合作社与农户连接紧密的优势，由合作社协助其收集贷款户信息等，不仅提高了工作效率，还降低了信贷风险，更好地支持了实体经济发展，真正实现了农信社资产质量和经营效益的双提升。另一方面，农信社的"两员"通过下基层走访，面对面与客户交流，帮助客户分析市场、理清账目，不仅加强了与客户的感情交流，树立了为民服务意识，还提升了对农业科技的认知水平，提升了为民服务的能力，真正履行了普惠金融的社会责任，破解了农村金融服务的"最后一公里"难题。截至 2020 年 12 月，全县精心开展各类培训 1050 次；农信社新增开账户合作社 63 家，共有236 家合作社在农信社开户，占 84.89%；农信社获得农民合作社存款2991 万元、发放产业贷款 5109 万元，同比分别增长 59% 和 46%。

二 加快要素流动、发展转变、制度完善、一二三产融合"四个推进"

1. 加快推进生产要素自由流动

长期以来，农信社、供销社、合作社各有隶属、各自运行，条块分割明显，导致农业现代化生产需要的资金、土地、劳动力、信息、技术和先进市场管理理念等要素不能紧密结合、有效配置、充分发挥作用。"三社联建"的本质是构建合作平台，整合各部门优势资源，使市场在资源配置中起决定性作用。农信社、供销社和合作社高效联动，合作社集聚群众的山林土地、闲置农房等资产和农村剩余劳动力，农信社和供销社会聚人才、资金、技术和市场信息，"三社联建"打破了农村生产力微观单位间的壁垒，推动了生产要素更加自由流动及合理的重构和组合，发挥了资源要素的聚集效应，有效实现了金融扶助、产品供给、市场供销的链接，从而激活了农村微观经济活力。

2. 加快推进农业发展方式转变

榕江县人均耕地 1 亩，低于全国平均水平，农田地块小、坡度大、基础设施薄弱，要实现农业现代化、推进适度规模经营，转变农业发展方式是关键。"三社联建"以土地集中、产业集聚、要素融合为导向，

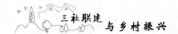

促生出一大批农业合作社,并形成了"公司+合作社+基地+农户"的生产经营模式,加速了全县规模土地流转,健全了农业社会化综合服务体系,推动了农业的规模化、产业化发展。截至 2021 月 2 月,全县农业发展产业基地 291 个,百香果产业植苗 4.23 万亩,蔬菜产业种植 7.63 万亩,中药材产业定植 3.77 万亩,食用菌产业种植 0.53 万亩,生猪产业存栏 7.76 万头,生态家禽产业存栏 94.32 万羽,肉牛产业存栏 2.6 万头,油茶产业植苗 1.46 万亩,茶产业种植 1.69 万亩,培育形成了精细蔬菜、经济林果、优良畜禽、中药材、食用菌等特色富民产业,农业产业结构进一步优化,农产品综合生产能力显著提升。

3. 加快推进农村基本经营制度完善

"三社联建"改革契合了构建现代农业产业体系、生产体系、经营体系的新要求。当前,农业农村发展进入新阶段,以家庭联产承包经营为基础、统分结合的双层经营体制"分"得较为彻底,但"统"得不够。农业适度规模经营加快推进,迫切需要覆盖全程、综合配套、便捷高效的农业社会化服务。"三社联建"改革,以服务供给创新为重点,把各环节的生产要素和各种服务有机地整合在一起,形成了覆盖产前、产中、产后的服务链条,既可以满足广大小农户个性化、便利化的服务需求,也可以满足新型农业经营主体综合性、规模化的服务需求。"三社联建"通过推进农村"三变"改革、农村集体产权制度改革等方式,为巩固和完善以家庭联产承包为基础、统分结合的双层经营体制赋予了新的内涵,注入了新的活力。同时,作为发展农村集体经济的主要形式,合作社为推进集体产权制度改革、折股量化到每个成员、发展壮大集体经济组织提供了途径。国家对农村的投资、补贴等也可更多地通过合作社来体现和实现,从而形成一种新的集体资产。

4. 加快推进一二三产业融合发展

"三社联建"打通了合作社从产到销的产业链条,推动了第一产业向第二、第三产业自然延伸。榕江县通过大力扶持合作社,促进了产业深度交叉融合，形成了"农业＋"多业态发展态势。榕江县通过坚持"粮头食尾""农头工尾"发展导向，大力发展现代农产品加工业，重点培育龙头企业。引进培育29家州级以上龙头企业、30家州级以上示范合作社、14家省级示范家庭农场等一批具有较强经济实力、服务能力和市场开拓能力的农产品加工龙头企业及合作社，加快形成"公司＋基地＋合作社＋农户"的产业融合发展格局。通过营造联农带农的生态环境，在车江农业园区和工业园区内建立健全了生产、加工、仓储保鲜、冷链物流等全产业链，形成了多主体参与、多要素聚集、多产业融合的业态，"产、城、景"融合发展呈蓬勃之势。目前，车江农业园区及工业园区已初步形成"农业基础设施完善，产业链条完整，三次产业融合紧密，利益联结共享，经济生态社会效益显著"的农村一二三产融合先导示范区。

三　助推乡村产业、人才、文化、生态、组织"五个振兴"

1. 壮大主导产业，助推产业振兴

合作社是乡村产业振兴的关键主体。"三社联建"促进了合作社高质量发展，做大做强了一批农业主导产业，发展带动了一批农产品加工流通业、休闲农业和乡村旅游业、乡村服务业、乡土特色产业等。在车江万亩坝区通过土地流转、反包倒租等形式订单式种植蔬菜，辐射带动全县蔬菜产业种植面积达10.35万亩，年产值2亿余元；依托"基地＋合作社＋农户"模式，种植中药材14.76万亩，覆盖2.02万户8.27万人；种植红托竹荪3155亩、食用菌3355亩、木耳200万棒，优质的"山中菌"远销杭州、重庆等地。截至2021年5月，榕江全县围绕百香果、小香鸡、两汪青白茶、草珊瑚、板蓝根、锡利贡米、塔石小香羊等特色品牌，打造榕江县农产品区域公共品牌，现全县实现"两品一标"产品认证20个，培育农业农村发展新动能，乡村振兴有了底气与硬气。

2. 搭建发展平台，助推人才振兴

"三社联建"为乡村人才发展营造了良好的产业环境，体现出集聚

人才、引进人才、培育人才的平台价值。一是集聚乡土人才。合作社为农村种植能手、养殖能手、农民经纪人、手工匠人破"土"成才提供了广阔新天地。这些乡土人才集聚在合作社中发挥着传、帮、带作用，成为带领村民致富的"领头羊"。二是引进专业人才。目前，围绕发展需要，合作社已与贵州大学、贵州财经大学、凯里学院等高校和贵州省农科院等多家科研院所开展合作，聘请科技人员、各类专家开展专项研究或给予指导，帮助解决技术难题。一些合作社还采取更为灵活的方式引进人才。例如古州镇高文村合作社与毕业于华南农业大学的百香果技术专家签订技术入股收益分红协议，专家在种植期内开展全天候的技术跟踪指导服务并帮助联系销路，既保障了田间收成，又保障了销售渠道畅通。三是培育实用人才。农信社在开展财务指导工作的同时，为合作社培养了一大批财务人员，有效解决了合作社财务人员紧缺问题。合作社也在农业部门的支持下，创办了"农民创业园""庄户学院""田间课堂"，为农民和返乡人员提供技术培训支持。截至2021年5月，农信社已开展财务知识集中培训57期，培训1152人次，同时"一对一"指导1000余人次。

3. 重塑乡村文化，助推文化振兴

"三社联建"不仅是一场经济改革，也是一场思想文化变革，为重塑乡村文化、助推文化振兴发挥了独特作用。一是积极促进乡村诚信文化建设。"三社联建"立足农村社区、嵌入乡土社会，讲诚信、重信誉、守合同是基本原则，向村民传递诚实守信、互助合作的价值观念，促进农民群众信守合同、诚信经营习惯的养成。二是积极促进民族传统文化的传承与保护。一些民族工艺品合作社、乡村旅游合作社借助"三社联建"不断发展壮大，把民族传统文化传承融于生产经营活动之中，使乡愁有了寄托，不仅传承并丰富了传统文化内涵，还取得了较好的经济效益，使乡村文化焕发了新活力。三是有效改变农民陈旧的思想观念。以前，一些农户小农思想严重，"大节三六九小节天天有"，满足于低层次幸福。"三社联建"通过发展产业带动村民致富，引导农户摒弃懒惰思想，树立起现代市场竞争意识，既增强了内生动力，又提升了文化水平。"三社联建"合作文化深度嵌入农村文化，汇聚起推动乡村振兴的强大精神力量。

4. 发展绿色农业，助推生态振兴

在践行绿色发展理念方面，合作社等新型经营主体具有较强的先行先试和示范带动效应，能够主动适应消费结构优化升级需求，及时调整生产结构和种养模式，并将技术、信息、知识与理念传递给小农户。还有一些农民合作社不断加大基础设施投入，以基地为核心，打造绿色循环的田园生态系统，增加生态产品供给，走出了一条"百姓富、生态美"的发展新路子，实现了经济效益和生态效益双赢。例如，榕江县两汪乡8个白茶专业合作社统一采购有机肥料，统一开展生物、物理防治虫害，积极推进标准化有机生产，带动全乡茶农共同打造健康、环保、优质的白茶品牌。目前，榕江县成功申报茶叶有机标志3个，锡利贡米有机标志2个，脐橙、西瓜等绿色标志2个，"榕江小香鸡"、"锡利贡米"、"塔石香羊"和"榕江葛根"地理标志产品4个。

5. 加强党的领导，助推组织建设

实现乡村振兴，关键在党。加强基层党组织建设是乡村振兴战略的政治保证。合作社具民办、民管、民受益属性特征，是农民实现自我发展和自我管理的有效形式。党支部与合作社紧密结合，农村党支部领办、创办的合作社，成为推进乡村振兴、服务乡村振兴的有效载体。榕江县推行"村企联建"，让村党支部书记或村委会主任兼任合作社理事长或监事长，让党员致富带头人、合作社带头人兼任村"两委"职务，产生了良好的效果。目前，由村"两委"领办的合作社已基本实现了村村全覆盖，农民参与合作社、参与经济管理的意识和文化素质得到了很大提高。一批农村基层党组织在群众中的号召力、凝聚力也得到了极大提升，有力地推动了乡村组织建设。

第三章

案例篇 | 实践中的"三社联建"

第一节 "三社联建"助推香菇产业发展

——德善种养殖农民专业合作社改革案例

一 案例背景

1. 合作社基本情况

榕江县德善种养殖农民专业合作社（本案例部分以下简称德善合作社），位于栽麻乡小利村，小利村自1998年开始种植香菇，至今已有20来年历史。种植户掌握从接种、生产菌棒到菇棚管理等一套完整的技术。长期以来有稳定的销售渠道，鲜菇主要供应榕江市场，干菇销往湖南、广西、广东等省外市场，供不应求。2018年，德善合作社发展香菇种植50万棒，大棚37个共5000平方米，烤棚2个共120平方米，政府投入扶贫资金130万元，合作社投入资金120万元。2019年，种植香菇50万棒，年纯利润100万元。为将香菇产业做大做强，德善合作社采取"合作社+基地+农户"的经营模式。德善合作社覆盖农户125户468人，其中贫困户67户286人。2019年，财政扶贫资金量化入股，年底按量化入股资金6%分红，当年分红6万元，共量化到67户，户均分红约900元。农户参与务工收入情况方面，长期参与务工农户60户，户均收入在 2000 元以上，农户受益 20 万元以上。通过"社社联建"工作的财务指导，合作社健全了财务管理制度，实行规范财务管理，为合作社内部管理打下了坚实基础。

2. 合作社成立的背景、动因和发展历程

第一，成立背景、动因。在打赢脱贫攻坚战中，围绕县委"1＋N"产业发展思路，立足自身资源优势和市场需求，紧扣产业革命"八要素"①，着力破解产业发展关键瓶颈，培育、打造食用菌种植产业，有效助推贫困群众增收致富。

第二，发展历程。2018 年，采收鲜菇 11.25 万斤，产值 45 万余元，出售干菇 0.6 万斤，产值 20 余万元，按照利益联结机制，67 户分红 6 万元，户均增收 900 元左右；2019 年，从 10 月份开始产菇，产菇 7.5 万斤，产值 30 万元，目前第二批正在出菇，年预计产值 140 万元。为 54 人（贫困户 31 人）提供灵活就业网位，为 22 人（贫困户 12 人）提供长期就业岗位，人均务工收入 3360 元。

3. 合作社的运行和治理机制

（1）组织结构

选举 HWJ 等 10 人为本社理事会成员，任期五年；选举 GWJ 为理事长，为本社法定代表人，任期五年；选举 YGH 为监事，任期五年。

（2）管理制度

建立人员管理制度。农民专业合作社的日常工作人员宜少而精，人员的数量应由理事会确定。强化资金管理制度。合作社的资金、商品物资的流通必须严密交接，有运转手续，经手人、保管人、批准人的签字必须齐全，各负其责。合作社资金运营必须实行封闭式管理制度，并且定期公开资金的开销情况。

---

① 指产业选择、培训农民、技术服务、资金筹措、组织方式、产销对路、利益联结、基层党建。

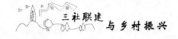

4. 合作社的经营和服务活动

第一，业务范围。德善合作社是主要从事药材种植、食用菌培育、小香鸡、黑毛猪养殖等，依据加入自愿、退出自由、民主管理、盈余返还的原则，按照合作社章程进行生产、经营、服务活动的互助性经济组织。

第二，收入与盈利模式。按照"资源变股权"方式，实现土地资源变现 0.8 万元，户均增收 1333 元。通过产业发展，带动贫困户实现入股分红、务工收入和土地收益"三重"增收。

二 案例描述

1. "三社联建"基本情况

自开展"社社联建"工作以来，为了让合作社算好经济账，算好明白账，信用社多次对合作社进行走访，提供相关服务。信用社还通过四步法来开展财务指导工作。一是加强培训指导。分为集中培训和一对一指导两个方面，通过两期的集中培训和上门一对一指导提升了合作社财务人员记账的能力。二是规范账务记载。建立统一规范的账务。合作社是独立的经济主体，要想在短时间内辅导建立规范的会计账务行不通，信用社辅导合作社财务人员，要求他们按照实际收支情况建立每日的流水账。三是重视凭证管理。信用社通过走访发现，合作社的原始凭证既不装订成册，也不按时间顺序进行整理，容易造成丢失或者损毁。为了便于管理，信用社辅导合作社财务人员按照建账的时间顺序，对应整理凭证，按时间顺序装订成册。四是强化成本核算。合作社要做大做强，必须做好核算。通过核算明白经营是赚钱还是亏本，做的产品哪个是赚钱、哪个是亏本的，为合作社的产业投向、经营决策提供依据。

2. 合作社创新发展面临的困难和问题

第一，规模较小，市场开发力度不够。食用菌生产规模较小，缺乏龙头企业带动，食用菌产品销售的服务工作都是由生产者自己来承担。

食用菌加工成本高，且由于运输距离较远，要由中间商进行中转，旺季时中间商承担能力有限，价格偏低。目前，食用菌生产主要是金针菇鲜品，附加值低，销售上对中间商贩的依赖性强，因市场波动大，抗风险能力低。

第二，科技及经费投入不足。没有专门的食用菌产业培训服务机构，科技投入也不足，导致技术落后、服务不到位、效益低下。对农民的技术指导缺乏有效载体，技术普及率低，严重影响农民发展食用菌生产的积极性。

3. 合作社的未来发展计划及趋势

（1）产业选择。栽麻镇食用菌种植有 20 余年历史，以袋装香菇为主，拥有成熟的技术和销售市场，是榕江及附近县市香菇的主要供应地之一，深受市场青睐。

（2）培训农民。以需求定培训和岗位定培训方式，组织就业人员参加培训。以以工代训、集中培训方式，对种植人员和种植大户进行培训。

（3）技术服务。组建"公司＋乡镇＋大户"的技术服务团队，由三鑫天源有限公司提供专业技术指导，县食用菌专班和镇农业服务中心选派专人负责跟踪，大户直接参与技术指导与培训工作。

（4）产销对接。在产销对接上，依托榕江县三鑫天源有限公司和周边市场，与公司签订销售订单，现已签订 70 万棒香菇订单。同时开拓都匀、贵阳、广东、湖南、凯里等销售市场，利用东西部协作消费扶贫政策，确保食用菌产业"种得出、能销售"。

（5）基层党建。组建以村"两委"牵头的"村社合一"合作社，发挥村"两委"带头作用，挖掘致富带头人，捆绑贫困户加入村集体公司，并开发公益性岗位，帮助群众增收。

三　经验总结

1. 产业选择是合作社运行的必然要求

通过调研，榕江县 681 家各类农民专业合作社中，截至 2021 年底真正正常运营的有 342 家，有相当一部分农民专业合作社有名无实。根据产业革命"八要素"，特别是产业选择的环节以及"龙头企业＋农民专业合作社＋贫困户"要求来看，农民专业合作社起着承上启下的作用，它一方面连接龙头企业，另一方面连接各类贫困户。如果农民专业合作社发展不好，龙头企业落地就会存在困难。同样，如果农民专业合作社发展不好，给老百姓的保底分红、效益分红就不能实现。从更广泛方面来看，当前农村生产力的基本单元有这样几类：一是农户，二是农民专业合作社，他们都属于农村的微观经济体。微观经济体不活，就会制约农村经济发展。

在中国西部，特别是作为"9＋3"深度贫困县的榕江，广大农民，包括农民专业合作社社员普遍受教育程度不高，影响了其对省、州、县所确立的各类主导产业的精准选择、科学选择。省政府提出了要发展 12 大类特色农业优势产业，榕江县根据省、州要求，确定了"果、蔬、药、菌、猪、鸡"六大类。目前，产业选择不精准，产业还没有实现规模化，所以允许村级适度发展"小散弱"产业。但是，只有做到规模化、市场化和组织化，才能够延长产业链。一个产业，如果没有链条，阻碍就会越来越多。比如，技术管理、现场管控、采摘、销售和加工等环节就会有一系列问题，因为不可能每个"小散弱"产业都配备各类技术人员。产量小难以进入工业化产品加工，附加值不能实现，所以产业选择非常重要，产业是合作社运行的必然载体。

2. 产业选择有利于精彩接续乡村振兴

"三社联建"有助于接续乡村振兴。乡村振兴，产业兴旺是重点。民以食为天，乡村振兴中的产业兴旺，首要就是让农业兴旺。对于农民来说，产业兴旺最直接的意义，是解决两大问题——就业和收入。构建现代农业产业、生产、经营体系，离不开各类农民专业合作社的发展壮大。农民专业合作社产业选择好了，账记好了，发展壮大了，就能带动更多群众就业增收，龙头公司也愿意合作，再加上农村信用联社强大的金融支持，农民专业合作社规模化、市场化的路子也就更宽了。脱贫攻坚战打完后，迅速形成榕江"社社联建"模式，通过"社社联建"来精彩接续乡村振兴。投入更多的支持也是基于这样的考虑，榕江县实现"三社联建"也是势在必行。

首先，从功能性来看，"三社联建"直击合作社发展中的短板，农信社充分发挥了"产业指导员"和"财务指导员"优势，补齐了合作社的管理短板；供销社充分发挥了"农资指导员"和"销售指导员"优势，补齐了合作社的市场短板。总之，"三社联建"是新时期我国农民专业合作社多元主体协同治理的新样本，对助推乡村振兴有重要的现实意义。

其次，有效推进农村产业革命。调整传统产业体系，进一步构建现代产业发展体系，全面推动农村产业革命"八要素"落地实施，着力形成山地特色产业发展的农村产业布局，持续推进农村产业向精细化、规模化、订单化发展。

最后，有效提升社会化分工水平，助推产业发展。进一步明确了村"两委"、合作社、村集体公司、企业、大户等在产业发展中的角色，精准定位村"两委"的领头羊作用、致富能人的产业带动作用、合作社及村集体公司的市场化能动性、企业的市场能力，各司其职、各理其事，形成一条串联的产业链条。

3. 产业选择是实施"三社联建"的关键抓手

榕江县合作社在"产业指导员"的帮助下，确定了产业发展方向，解决了"不知道发展什么产业"的问题。在加入"三社联建"的合作社当中，发展"六大产业"的合作社占比为74.26%，为全县扶贫产业规模化发展提供了有力支撑。扶贫产业有效带动当地农村劳动力就业累计2249人次，实现增收2196.76万元；解决贫困户1311人就业，帮助增收1151.6万元。

产业选择，选好了"路子"。习近平总书记强调："发展产业是实现脱贫的根本之策。要因地制宜，把培育产业作为推动脱贫攻坚的根本出路。"① 要发展产业，产业选择是第一要义。"社社联建"把产业指导作为首项工作任务来抓，以实际行动贯彻落实习近平总书记的讲话精神。据了解，榕江县注册的合作社目前有半数是"僵尸社""空壳社"，为什么这样呢？分析来看，产业选择不清、不稳、不好是主要原因之一。通过"产业指导员"的指导，部分合作社紧紧围绕"六大产业"因地制宜确定产业，让产业的"路子"清起来、稳起来、好起来。我们在榕江县三石生态特色养殖合作社调研时了解到，该合作社成立初选择的产业是养鸡，但因受"鸡瘟"和技术的影响，惨遭失败。经过认真分析和比较，该合作社随后迅速转型，将产业选择转移到"药"上来。目前，其310亩的花椒长势喜人，负责人石涛脸上写满自信，他给我们算了一笔账：第一年没有收入，第二年按1亩100株、1株25元估算，一年收入约77万元，基本能抵去人工成本，依照花椒长势预测，第三年收入将是现在的3倍，收入可达230万元，在收回投资成本后还有收益进行分红，因此非常有信心带领37户贫困户脱贫致富。

在开展产业指导工作中，先锋队员做了大量工作，也取得了一定成效，但还存在对省、州十二大特色产业和县六大扶贫产业相关政策理解不透、掌握不深、指导不到位等问题。另外，培训还不到位，虽然已经编写了培训手册，开展了几次培训，但频次不够，深度不够。

因此，需要更加精准地选择产业。在产业指导员的帮助下，榕江县正常生产运营的342家合作社中，有278家完整规范了产业和财务。最初登记的合作社有600多家，再进一步结合季节的变化和产业的明确，现在是278家，这个数据是根据情况不断变化的。要牢牢把握专业合作社发展的本质和内涵，想方设法把有限的专业合作社打造为各村、各乡镇发展产业的中流砥柱。今天我们参观了古州镇高文村惠农种养殖农民专业合作社，由于受到疫情影响，传统种植的香葱销售不出去怎么办？

---

① 《习近平这样部署脱贫攻坚的长久之策》，https://baijiahao.baidu.com/s?id=16816678532 25421966&wfr=spider&for=pc，最后访问日期：2022年10月28日。

时逢"社社联建"，该合作社及时调整了种植产品，大力发展百香果产业，目前已经种植了 1530 亩。从当前掌握的情况来看，榕江县种植的百香果，全部由市场负责组织包销，可以说找到了榕江县产业裂变性的支撑。

此外，通过产业选择，带动能力更加增强。通过完善利益联结机制，农信社利用资源优势提供市场信息，帮助合作社打通农产品销售渠道，实现农户增收。例如，农信社将两汪乡 7 家合作社列为扶持对象，帮助其白茶商品上架"贵州农信黔农云"农产品交易平台，提高了品牌知晓率，助推群众增收。278 家专业合作社生产出来的产品如果和农信社合作，就有可能找到销售渠道。

第二节 "三社联建"助推板蓝根产业发展
——泰如种养殖农民专业合作社改革案例

一 案例背景

1978 年以后，党中央在农村启动改革，此次改革对中国社会发展产生了十分深远的影响。农村改革取消了人民公社制度，在生产关系上实施家庭联产承包责任制，确立了"统分结合、双层经营"的农村基本经营制度，农户个体无生产经营权利的传统农村集体经济成为历史。传统农村集体经济是建立在初级社、高级社特别是人民公社的乡村社会制度基础上的，也被称为政社合一的农村集体经济。自 1982 年以后，连续 5 年中央都在关注农村生产经营体制改革，最终分户经营成为中国农村的主要经营形式。

在家庭联产承包责任制实施后，由于很多地方对集体经济"统"的功能在乡村发展中的作用认识不足，没有集体经济支撑，村集体缺乏经济基础，难以向村民提供基本的公共服务，村民对村党组织的认同感较低，对村庄也缺乏归属感。家庭联产承包责任制实施以后，农民在生产经营中越来越"单打独斗"，农民之间缺乏合作制约了农村经济社会发展。同时，随着市场经济体制的确立和在中国农村渗透，单个的农户容易沦为市场的边缘参与者，小农户如何对接大市场成为中国农村发展进程中急需解决的一个理论和政策问题。① 在现实中，解决这一问题可以从农业生产经营的生产、加工、流通和销售等环节展开分析，所谓的农业规模化经营就是这些环节的规模化。

实现农业规模化经营最为简单和直接的方式是成立公司，公司通过雇工经营可以在各个环节实现规模化。但是，农业生产不同于工厂的流水线生产，始终面临着对雇工如何监管及提高生产效率的难题。因此，在农业生产的各个环节上普遍实现规模化经营既很困难，也没有必要。尽管并不需要在农业生产各个环节上全面实现规模经营，但仍然需要以"纵向一体化"来整合农产品的生产、加工、流通和销售环节。例如，"公司＋农户"就是农业生产经营"纵向一体化"的具体实践。"公司＋农户"模式要求农业公司与农户事先签订合同，对农户生产的农产品的价格、质量、数量等做出约定。然而，在"公司＋农户"模式中，农业公司仍然要和分散的个体农户打交道，导致交易成本居高不下。且在实际运作过程中，公司和农户都存在极大的违约风险，因而使得这种模式具有内在的不稳定性。例如，当农产品市场价格低于收购价格时，公司常常会违约放弃收购农民的农产品；当农产品的市场价格高于收购价格时，农民也会违约私自将自己的农产品拿到市场上进行销售。

为了避免"公司＋农户"的组织缺陷及存在的违约风险，人们需要新的组织。诸多的学术研究指出，只有将分散的农民组织起来，促使农民重新走向合作，才能解决小农户对接大市场的问题。② 事实上，广

---

① 潘璐：《从"家庭农场"到"农民合作"：恰亚诺夫的合作化思想及其对中国现代农业发展的启示》，《开放时代》2020 年第 2 期，第 193 ~ 205 页。

② 杨团：《中国农村合作组织发展的若干思考》，《天津社会科学》2010 年第 2 期，第 40 ~ 44 页。

大农民对合作的需求在"分"的初期就已经有所体现。[①]"早在 1970 年代末期，安徽省一些地方的农机手就主动联合起来，成立了松散的农机联合体。1980 年代，一些地区的农民开始发展较大规模的养鸡、养猪、养兔等产业，促进了畜牧业的发展。"在《农民专业合作社法》颁布以前，农民专业合作社的名称并不统一，农业部称之为"农民专业合作经济组织"，中华全国供销合作社称之为"农村专业合作社"，浙江省称之为"农民专业合作社"，上海称之为"合作社有限公司"。[②] 2006年 10 月 31 日，颁布了《农民专业合作社法》，目的就是要解决家庭联产承包责任制实施以后"分"有余而"统"不足，个体农民的"小生产"与"大市场"脱节的问题。[③]《农民专业合作社法》填补了新中国成立以来我国农民专业合作社发展史上的法律空白。

　　然而，在《农民专业合作社法》颁布实施之初，农民专业合作社的设立并不顺利，地方政府不得不将农民专业合作社的发展纳入年度工作考核任务，在此之后，农民专业合作社数量迅速增加。2013 年中达到 82.8 万家，约是 2007 年底的 32 倍。[④] 尽管如此，大部分农民专业合作社的人数很少，规模很小，合作社的平均成员只有 61 户。更严重的是，有相当部分的农民专业合作社是"空壳社"，即合作社只是挂名，并不实际运作。[⑤] 在实际运作的农民专业合作社中，有不少的合作社是外来的农业公司组建和运营，农民社员在这样的合作社中基本上没有发言权。

---

① 孔祥智：《中国农民合作经济组织的发展与创新（1978—2018）》，《南京农业大学学报》（社会科学版）2018 年第 6 期，第 1～10 页。

② 马跃进：《合作社的法律属性》，《法学研究》2007 年第 6 期，第 31～43 页。

③ 杨团：《此集体非彼集体——为社区性、综合性乡村合作组织探路》，《中国乡村研究》2018 年第 1 期，第 394～424 页。

④ 《农业部：农民专业合作社已达 82.8 万家 约是 2007 年底的 32 倍》，https://m.yicai.com/news/2969950.html，最后访问日期：2022 年 10 月 19 日。

⑤ 郑丹、王伟：《我国农民专业合作社发展现状、问题及政策建议》，《中国科技论坛》2011年第 2 期，第 138～142 页。

著名的"三农"问题专家温铁军教授曾经指出，这种由大农户主导的农民专业合作社在政府部门、资本与小农户之间增加了一个类似于合伙制企业的中间商，购买农资产品时低买高卖，销售产品时低收高卖，在合作社内部是"大农吃小农"，真正得到收益的是资本和大农。这种类型的农民专业合作社在本质上与股份制企业并没有什么区别，合作社的内部治理结构体现了大股东控制，小农户因没有决策权，同样成为市场的边缘参与者。[①] 有学者指出，这种现象甚至成了"中国农民合作社发展初级阶段的突出特征"。[②] 黄宗智的研究更是指出，农民专业合作社的大规模增加主要是行政干预的结果，其中很多合作社是为了获取国家农业补贴而建立。[③]

世界各国的经验表明，农民专业合作社对于促进就业、解决农村贫困问题和推动农村社会建设具有不可替代的作用，这也是中国政府大力推广农民专业合作社的原因。围绕纷繁复杂的农民专业合作社发展现状，作为社员的农民能否成为合作社的主体，他们在合作社中的经济利益是否能够得到维护，民主权利能否得到保障，这应是农民专业合作社未来发展应该探索实践的方向。尽管合作社在实践中还存在若干问题，但中国农民专业合作社的前景是远大的，未来的发展空间是广阔的。因此，本案例聚焦榕江县泰如种养殖农民专业合作社的建立与发展进程，描述和探讨合作社的探索实践所具有的理论意义和政策意义。

二 案例描述

1. 合作社基本情况

榕江县泰如种养殖农民专业合作社（本案例部分以下简称泰如合

---

① 温铁军：《农民专业合作社发展的困境与出路》，《湖南农业大学学报》（社会科学版）2013年第4期，第4~6页。

② 苑鹏：《中国特色的农民合作社制度的变异现象研究》，《中国农村观察》2013年第3期，第40~46页。

③ 黄宗智：《中国农业发展三大模式：行政、放任与合作的利与弊》，《开放时代》2017年第1期，第128~153页。

作社）地处栽麻镇，位于榕江县东部，距县城约23公里，距栽麻镇政府约2公里。泰如合作社成立于2019年5月，注册资金120万元，法定代表人YXQ。股东8人。每位股东以人民币出资15万元，各占12.5%。选举YXQ等8人为理事会成员，任期五年；选举YXQ为理事长，为法定代表人，任期五年；选举YSG为监事，任期五年。泰如合作社成立时，主要业务是水果、蔬菜、中药材种植，畜禽养殖，民宿客栈，民族文化传承，土特产生产与销售。通过与其他公司、合作社、私人签订单的方式进行销售，在线上线下提供板蓝根种植技术指导服务，在种植中打造乡村特色绿色产品。现在，泰如合作社建有两大生产基地，由大利村基地和栽麻社区宰南基地构成，主要从事板蓝根、罗汉果种植及销售，产业发展符合榕江县"六大产业"规划，获得财政扶贫资金入股累计402万元，带动贫困户180户620人致富。

2019年，泰如合作社共种植板蓝根180亩，板蓝根育苗45亩，实现产值268万元，分红资金16万元，带动了140户贫困户致富。2020年，泰如合作社再次扩大种植面积，种植罗汉果200亩，种植板蓝根100亩，每天用管理工人50人以上，收割罗汉果200亩、板蓝根280亩，年底罗汉果收入140万元、板蓝根收入140万元。合作社达到了以点带面的效果，共带动大利村农户种植罗汉果30亩、板蓝根80亩。

2. 合作社面临的困难

从理论上看，合作社是农村经济发展的基本单元，是联结农户、龙头企业和市场的重要纽带，是推进农业生产专业化、标准化、规模化的重要载体，是促进农民增收的重要组织形式。然而，农民专业合作社在实际运行过程中难以规避外部风险和内部风险。外部风险是指农业产业利润低，面临着巨大的市场风险、自然灾害风险。内部风险是指农民专业合作社存在产业定位不准、日常运营账目不清、运营资金不足、管理人才匮乏、发展规划欠缺、管理松散、股东之间因存在博弈而难以精诚合作等问题。农户特征的差异性、制度环境、市场环境和政策环境都会影响农民专业合作社的潜在利润，进而决定着农民合作能否实现及以何种形式实现。在内外部风险的夹击之下，很多的农民专业合作社生存下来就很难，也不用说能够发展壮大，更谈不上成为推动农村经济发展的中坚力量。[①]

2020 年，泰如合作社种植的板蓝根当时预计收入可以达到 60 万元。但是，合作社缺乏对市场供求关系的了解，销售受阻，只卖出 80 吨，每吨价格为 1200 元，总收入只有 9.6 万元，实际收入和预计收入之间存在着巨大差距。2020 年，泰如合作社种植罗汉果时投资了 100 万元，预计收入可以达到 160 万元。但 2020 年遇到了天灾，降雨太多影响到了授粉，最终罗汉果的收入只达到了 21 万元。2020 年，板蓝根育苗 30 亩，总投资 79 万元，育出株数是 1700 万株，每株 0.12 元，预计收入会有 204 万元。在 2021 年时，只销售了 300 万株苗，育苗收入只有 36 万元。而合作社向贫困户承诺有保底分红，其中板蓝根种植分红 12 万元，板蓝根育苗分红 10.5 万元，罗汉果种植分红 10 万元。一方面是预计收入与实际收入存在巨大差距，另一方面又要兑现保底分红的承诺，导致泰如合作社的发展步履维艰。

泰如合作社除了面临合作社普遍面临的困难外，还面临着以下具体困难。一是人才匮乏，缺乏核心竞争力，农业生产科技水平较低。泰如合作社的 8 位发起人虽然都是当地的种植大户，有一定的种植经验，但没有专业化的种植人才，导致种植过程中缺乏理论知识和新的科技知识。由于农民专业合作社的参与者大多是农民，由当地的种养殖大户担任理事，靠长久积累的经验做事，难以适应现代农业规模化生产的要求。大部分合作社依据当地特色资源优势发展经营，由于自身认知的局限，对如何将产业做大做强以及对合作社和产品的定位模糊不清，对创优创品牌方面的意识相当缺乏，从而导致产品缺乏核心竞争力。二是合

---

① 周应恒、胡凌啸：《中国农民专业合作社还能否实现"弱者的联合"？——基于中日实践的对比分析》，《中国农村经济》2016 年第 6 期，第 30~38 页。

作社的合作范围有待进一步拓展。合作社在服务范围上还比较狭窄，往往只能做到在某个产品的某个环节上提供较为有效的服务，无法提供全流程的有效服务，主要体现为缺乏对产品销售与深加工的介入。

截至 2020 年 7 月，贵州省榕江县有 681 家农民专业合作社，正常运营的只有 342 家。而在这些正常运营的农民专业合作社中，也存在许多不规范的情况。2017 年修订的《农民专业合作社法》的第四条规定，建立农民专业合作社时应当遵循五大原则：一是成员以农民为主体；二是以服务成员为宗旨，谋求全体成员的共同利益；三是入社自愿、退社自由；四是成员地位平等，实行民主管理；五是盈余主要按照成员与农民专业合作社的交易量（额）比例返还。2014 年，农业部、国家发改委、财政部等全国农民合作社发展部际联席九部门联合下发的《关于引导和促进农民合作社规范发展的意见》提出，合作社规范发展目标是"力争到'十三五'期末有 70% 以上的市级农民合作社规范社建立完备的成员账户、实行社务公开、依法进行盈余分配"。但是，有研究强调，农民的合作需求多元，不宜用一个单一模式去评判其合理性。政府没有必要按照经典标准苛求合作社的规范发展，而应致力于优化适合合作社发展的外部客观环境，为处于发展中或刚起步的组织营造良好的发展环境，逐渐实现农民专业合作社的规范化发展。①

3. "三社联建"的背景

榕江县委、县政府针对近年来中央、贵州省委关于脱贫攻坚、"三农"工作、经济发展、产业革命、农民专业合作社建设、乡村振兴的政策文件和会议精神进行认真梳理和总结，确定了全县"果、蔬、药、菌、猪、鸡"六大主导产业。虽然农民专业合作社被认为是发展农业产业的有效载体，但是农民专业合作社在运行过程中难以防范内外部风险。这些问题只是依靠农民专业合作社自身的力量难以解决。榕江县

---

① 应瑞瑶、朱哲毅、徐志刚：《中国农民专业合作社为什么选择"不规范"》，《农业经济问题》2017 年第 11 期，第 4~13 页。

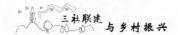

委、县政府针对农民专业合作社运行中存在的问题，决定借助农村信用社和供销社的专业力量，提升农民专业合作社的综合能力。由于中国农民专业合作社的准入门槛很低，五个人就可以组建合作社，而且没有出资额的限制，因此农民专业合作社的规模一般较小，生产经营活动大多局限于村域范围内。榕江县致力于推动合作社、供销社、信用社的"三社联建"，为农民专业合作社发展探索一种新的地方经验。

党的十九大提出的乡村振兴战略将产业兴旺摆在了首位，只有因地制宜发展产业才能实现乡村产业兴旺。榕江县在"三社联建"的实践过程中，在信用社中选拔"产业指导员"和"财务指导员"，并对他们进行系统培训。"产业指导员"帮助农民专业合作社选择合适的产业，"财务指导员"指导合作社理事会成员在合作社内部建立完善的财务管理制度，规范合作社收支记账，促进合作社"产业科学、信用优良、运转健康"。而供销社主要是帮助农民专业合作社大规模采购生产物资，降低农民专业合作社的生产运营成本。同时，供销社也为农民专业合作社提供农特产品的销售信息，促进产品销售，真正解决"小农户"对接"大市场"问题。

也许人们会产生疑问，由农村信用社下派的"产业指导员"就真的懂得如何选择合适的农业产业？在他们指导下选择发展的农业产业就一定能够成功？实际上，农业产业发展涉及不同层面的问题，主要涉及发展农业产业时对农业技术的需求、投入与产出、农产品的加工包装、流通销售等环节。在农业产业的复杂环节中，农民专业合作社相对擅长的是农产品的生产和加工，并不擅长详细计算生产农产品的投入与产出是否合算，发现是否存在生产成本过高等问题。而农村信用社下派的"产业指导员"擅长和数字打交道，他们可以帮助农民专业合作社的理事会核算某种农产品的生产成本，避免农民专业合作社选择那些生产成本高的农业产业，从而避免因最终缺乏市场竞争力而导致所选择的农业产业缺乏可持续发展能力。

　　许多小型的农民专业合作社由于成员较少、规模较小，没有建立健全的财务运行制度，也不设立财务部门，只有一两个会计相关人员负责合作社的主要财务收入与支出等方面的管理。① 从理论上看，农民专业合作社作为市场经济主体，国家不再干预其财务活动，但是如果有国家的财政投入，则必须要有相关的财务制度规定。《农民专业合作社法》的颁布为农民专业合作社的法律主体地位奠定了基础，《农民专业合作社财务会计制度（试行）》也从 2008 年的 1 月 1 日开始实施，成为农民专业合作社财务会计的规范。《农民专业合作社法》明确规定，农民专业合作社应当按照国务院财政部门制定的财务会计制度进行会计核算。但是，农民专业合作社无相关财务制度、监督机制不健全的整体状况并没有大的改善。2017 年 12 月，十二届全国人大常委会第三十一次会议通过的修订的《农民专业合作社法》，就特别重视合作社的财务管理制度建设。

　　农民专业合作社的财务问题主要集中于三点：一是财务人员素质普遍较低，会计基础工作薄弱；二是财务会计制度混乱；三是内部会计控制、资产管理、审计、财务公开等制度普遍缺失。② 在实地调研时，榕江县负责管理合作社的相关工作人员表示，榕江县的很多农民专业合作社因为规模小，缺乏盈利能力，并没有条件长期雇用专业会计，只能由当地农民兼任，因而财务管理非常混乱。榕江县一些合作社本来已经具备了一定的发展基础，但因财务管理混乱，投入与产出记录不明确，合作社的股东之间常常因为财务问题发生纠纷，甚至因此导致合作社解散。有的合作社因为缺乏专业的财务人员管理合作社账目，股东之间互不信任，外出购买生产物资、销售农产品的时候股东为达到互相监督的目的，所有股东一起出动，没有形成合理的分工机制，无形之中增加了

---

① 鲁雯雯、李桃、马书琴：《农民专业合作社财务管理问题探究》，《湖南科技学院学报》2014 年第 3 期，第 113～114 页。

② 陈应侠、黄永安：《关于农民专业合作社若干财务问题的思考》，《经济问题》2009 年第 8 期，第 69～72 页。

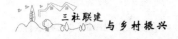

合作社的运营成本。

因此，对于农民专业合作社来说，只是在相关政策的要求下建立财务部门是远远不够的，有具备专业财务知识的财务人员管理财务是必不可少的。例如，合作社如何进行生产投资，按照什么样的标准向合作社成员分配利润等都需要财务知识。财务人员应学好财务知识以便管理好合作社的账务。合作社社长也应该学好财务知识，以便对合作社进行更好的管理。普通的合作社成员也应该具备财务知识，以便掌握并了解合作社财务动向，了解自身投资资金流向，经营利润分配是否合理等。在合作社成立初期可以聘请专业的财务人员对社员以及财务人员进行专门培训，并向合作社所有人员普及财务知识。① 农民专业合作社要想健康发展，使合作社的生产经营、投资、筹资等各方面活动合理有序进行，解决合作社财务管理方面的问题是重中之重。

4. "三社联建"的过程

泰如合作社自 2019 年成立以来，就存在业务范围过于宽泛、发展定位不准、财务管理混乱、销售体系尚未健全、产销脱节等问题。这些问题的存在，制约了泰如合作社的发展潜力和盈利能力。而且，泰如合作社对政府的财政资金依赖性较强，尚未完全形成独立发展的能力，最终制约了其推动农村经济发展的能力。2020 年 3 月 28 日，榕江县人民政府印发《榕江县"社社联建"（试点）实施方案》，成立榕江县"社社联建"工作领导小组，组织动员县信用联社及各分社力量，帮助合作社做好产业选择和记账工作。2020 年 4 月 3 日下发《榕江县"社社联建"第一阶段工作指导性意见》，4 月 13 日下发《关于进一步做好第一阶段"社社联建"相关工作的通知》，明确了各部门工作职责、阶段性工作时限、工作人员名单及考核办法等。"三社联建"工作正式开启。

"三社联建"工作开展以后，由信用社网点员工先对辖区内的合作

---

① 鲁雯雯、李桃、马书琴：《农民专业合作社财务管理问题探究》，《湖南科技学院学报》2014 年第 3 期，第 113～114 页。

社开展全覆盖走访，了解合作社的实际运行情况，对合作社的需求进行全面的摸底调查，做好登记并建立台账。然后信用社的网点负责人、主办会计根据前期调查了解的合作社运行情况，引导辖区内的合作社加入"社社联建"。当地信用社下派的"产业指导员"多次与合作社的理事会成员沟通，认为合作社要实现发展，就要融入县域经济发展规划之中。这么做的好处是，除了可以享受县里相关产业政策的红利，还可以成为县域经济的一个有机组成部分，参与到农业产业发展的分工体系中来。为什么合作社要围绕全县的主导产业确定自己的产业方向呢？主要是因为产业集聚之后才能产生规模效应，而产业成规模以后又可以进一步降低生产经营成本、物流成本，以及抵御变幻莫测的市场风险。

产业聚集是指在产业的发展过程中，在明确的空间边界内，某个特定经济领域的相关企业或机构，由于相互之间的共性和互补性而产生有机的内部关联，使得产业人员、资本要素不断汇聚，从而形成基于地理区域的相互联系、相互支撑的产业集群现象。[①] 西部地区应充分利用自身的资源优势和政策优势，借助新时代正在实施的乡村振兴战略，培育具有地域特色和优势的农业产业。在农村信用社下派的"产业指导员"的帮助下，合作社紧紧围绕榕江县确立的"六大产业"因地制宜确定产业，让农业产业的"路子"清起来、稳起来、好起来。泰如合作社最终选择集中资源发展板蓝根、罗汉果这两种农业产业，解决了合作社成立之后业务混乱，不知道长远发展什么产业的问题。

信用社除了在产业选择方面对合作社进行指导，还有大量工作是发挥自身的专业优势，帮助合作社规范账目管理。自开展"三社联建"工作以来，为了让合作社算好经济账，算好明白账，信用社的"财务指导员"多次对合作社进行走访、提供服务、进行财务指导，并通过"四步法"来开展财务指导工作。一是加强培训指导。分为集中培训和

---

① 汪晓文、倪鲲鹏、马晓锦：《区域视角下新兴产业集聚与产业规模的关系研究》，《贵州社会科学》2015 年第 2 期，第 110～118 页。

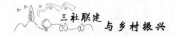

一对一指导两个方面，通过两期的集中培训和上门一对一的指导，增强了合作社日常记账的意识和相关技能。二是规范账务记录。建立统一规范的账务，合作社是独立的经济实体，要想在短时间内通过辅导建立规范的会计账务行不通，信用社采取了辅导合作社财务人员按照实际收支情况建立每日的流水账的方式。三是重视凭证管理。"财务指导员"通过走访发现，合作社既不将原始凭证装订成册，也不按时间顺序进行整理，因而容易造成丢失或者损毁。为了便于管理，信用社"财务指导员"辅导合作社财务人员按照建账的时间顺序，对应整理相关凭证，并按照时间顺序装订成册。四是强化成本核算。合作社要做大做强，必须要做好投入与产出的核算工作。通过核算明白经营是赚钱还是亏本，做的产品哪个是赚钱、哪个是亏本的。财务成本核算为合作社的产业投向、经营决策提供了依据。

当然，合作社在实际经营过程中除了面临产业选择、财务管理问题，还面临着降低农资采购成本、开拓农产品销售市场的问题。县供销社的优势在于，可以收集全县多个农民专业合作社的农资采购信息，依靠大规模的农资采购降低合作社的生产成本。也可以收集市场信息，为农民专业合作社销售农产品开拓市场，尽量避免供过于求的情况发生。自"三社联建"工作开展以来，榕江县供销社帮助合作社进行化肥调运，共调运化肥 100 余吨，帮助合作社减少了 2 万余元的采购成本，大约为合作社减少了 10% 的农资采购成本。榕江县供销社协助合作社发布了两次农产品销售信息，通过供销社掌握的销售渠道为合作社销售了板蓝根苗 400 余万株，实现交易金额 48 万多元。同时，榕江县供销社工作人员还来到合作社的种植基地进行实地指导，为合作社如何使用生产物资、未来产业发展提出意见和建议。

三 案例总结

可以说，农民专业合作社发展面临诸多困难是一个全国性的问题，各个地方也在结合自身的实际情况，创新体制机制，促进农民专业合作社健康有序发展。榕江县地处欠发达地区，农民专业合作社的发起人多是当地农民，缺乏相应的专业知识，也缺乏对市场信息的掌握能力和市场开拓能力。榕江县委、县政府通过"三社联建"的实践，整合了信用社和供销社的专业力量，推动了农民专业合作社的规范化运作，提高了农民专业合作社的综合能力。榕江县泰如合作社的"三社联建"经验表明，做好顶层设计是前提，找准合作社发展过程中的短板是关键，加大信用社、供销社与合作社的合作力度是保障，合作社助力乡村振兴实现是目标。"三社联建"的合作社发展方向在理论和实践层面都具有可行性，也值得进一步展开探索，可为其他地方的合作社发展提供借鉴。

当然，"三社联建"工作也存在一些不足之处。首先，合作社理事会成员的思想认识不够到位，认为自己只是擅长种植过程，缺乏营销等相应的专业知识，难以实现合作社的规范化运作。其次，信用社和供销社给予合作社的培训指导针对性还不够强，没有做到因社制宜。这也导致了合作社理事没有充分意识到"三社联建"对于合作社未来发展所具有的重要意义。最后，合作社规范管理意识不强，合作社的财务人员十分不稳定，加上文化水平偏低，即使是在财务培训之后也难以做到对合作社的账目进行规范化管理。

在未来的"三社联建"中，应该从以下几个方面开展工作。一是进一步完善合作社产业选择和财务管理的相关培训制度，结合辖区内合作社的动态发展情况，开展更具针对性的培训工作。二是完善制度建设，细化"三社联建"的操作流程。考虑进一步明确"产业指导员"和"财务指导员"的工作职责，确保各项工作能够落实到位。三是建立相应的考核机制，对联建工作进行定期考核，达到"以评促建"的目的。四是优化合作社管理班子。进一步明确村"两委"、合作社理事会成员、村集体公司、农业企业、种植大户等在"三社联建"工作中的职能定位。精准定位村"两委"的领头羊作用，致富能人的产业带

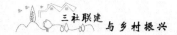

动作用，合作社及村集体公司的市场化能动性，企业的市场开拓能力，最终实现各司其职、各理其事。

第三节 "三社联建"助推蔬菜产业发展
——阳光蔬菜种植农民专业合作社改革案例

一 案例背景

自我国第一个农民专业合作社诞生至今，农民专业合作社经过了70多年的发展历程，在乡村振兴战略背景下，农民专业合作社被赋予了新的更为重要的历史使命。

20世纪50年代初，一场规模空前的土地改革运动在全国基本完成，3亿多无地、少地农民（包括新老解放区在内）无偿获得7亿亩土地和其他生产资料。然而，分散、落后、自给半自给的小农经济仍然是当时中国农业的基本形态。在这一客观情境下，1953年中共中央宣传部制发的《关于党在过渡时期总路线的学习和宣传提纲》指出，要以集体经营、集体所有替代土改后确定的小农经营、小农土地所有制。农业合作化运动在20世纪50年代逐步推开并迅速实现了既定目标。随着互助组、初级社的相继成立，我国农民专业合作社进入萌芽阶段。1958年8月29日，中共中央政治局北戴河会议审议并通过了《关于在农村建立人民公社的决议》，这一决议要求将各地成立的初级合作社升级为"政社合一"的人民公社。人民公社成为新的农业生产经营主体，集资源调配、核算单位、分配制度等于一身。农业生产合作组织逐渐演变为一种与合作经济完全背离的高度集体化的经济体制，并一直延续到20世纪80年代初。

人民公社制度与人性特点及生产力发展水平相背离，不可避免地造成了生产效率的降低。不仅实行这一制度来增加农产品供给的主要目标无法实现，还导致了广大农民的普遍贫困，其边际效应一度降到零甚至为负。改革开放以后，集体土地承包到户，广大农民很快就感受到了农民合作社的必要性，于是在 20 世纪 70 年代末中国的第一个农民科学种田技术协会成立，第一个由农机手组成的联合体在安徽省成立，开启了农民新型合作的进程，在当时被称为农村专业技术协会，尽管松散，但具有重大意义。从那以后，学术界也开始关注农村新型合作经济组织并展开讨论。有学者认为新型合作经济包括联营、合作、股份等形成，具有鲜明的社会主义性质，与当时生产力发展水平相适应，是开放的社会化商品经济形式。[①] 1984 年发布的《中共中央关于一九八四年农村工作的通知》提出，废除人民公社体制，让家庭联产承包责任制成为中国农业生产的基本经营体制。这一经营体制为 20 世纪 80 年代初期我国农业经济的发展和农民收入的提高提供了坚实的制度保障。但家庭联产承包责任制作为一种小农生产的经营方式，其固有的缺陷十分明显。以家庭作为基本的生产单位，户均规模小，土地细碎化严重，农民抗风险能力弱，尤其是在农副产品市场化改革过程中，单个农户与市场之间缺乏有效的连接机制。也正因此，几乎在"分"的同时，"合"的过程又自发地开始了，当然，这个"合"不再具有 20 世纪 50 年代那样的特点，而是农民自发地采用合作经济形式，当时称为"新型合作经济组织"。为应对分散经营的先天缺陷，20 世纪 80 年代中期，随着农村专业户的涌现，一批根植于我国农村基本经营制度，以提供技术、信息服务为主，具有合作制萌芽性质的合作组织自发出现，成为农业社会化服务体系的一支新生力量。为解决我国部分农产品出现结构性过剩，农产品卖难和农民收入增长缓慢等问题，从 20 世纪 90 年代开始，各级政府和有关部门引导和鼓励农民自愿建立专业合作社和专业协会。2004 年，浙江省通过了国内第一部有关合作社的省级地方法规——《浙江省农民

---

① 刘玉勇、高建华：《新型合作经济的形式、性质和地位》，《经济研究》1985 年第 5 期，第 73～76 页。

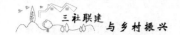

专业合作社条例》，这为国家立法提供了重要参考。

直至 2006 年 10 月 31 日第十届全国人大常委会第二十四次会议通过《农民专业合作社法》，并颁布并实施，中国的农民合作社才第一次在法律层面有了明确身份，能够作为市场主体之一与其他类型的经济实体在市场上进行交易、开展经济活动。农业合作社的发展也有了法律层面的规范和保障。根据《农民专业合作社法》，国务院和有关部门还相继出台了一系列配套法规与政策。2007～2011 年的"中央一号"文件将农民专业合作社的地位和作用提到前所未有的高度，地方政府也越来越重视农民专业合作社的发展。在一系列优惠政策推动下，各种类型的农民专业合作社如雨后春笋般涌现，发展形势一片大好，各地开始鼓励农民兴办专业合作和股份合作等多元、多类型合作社，比如蔬菜种植合作社、小龙虾养殖合作社、养牛合作社等，合作社种类日渐增多。据农业部的统计，2006 年底，我国农民专业合作社等农村合作经济组织的成员数已达 3486 万人，① 这些合作经济组织不仅把千家万户的小生产与变化万千的大市场相连接，成为农户、企业、市场和政府的桥梁和纽带，也弥补了农村社会化服务滞后的不足，同时解决了政府在市场经济中的"越位"和"缺位"问题，是我国农村经济发展中的一种组织创新和制度创新。

党的十八大以后，习近平总书记高度关注农村合作事业以及农民合作社的发展，多次做出重要指示批示。学术界对中国农民合作社发展的关注也更加活跃和理性。其中，2018 年 9 月，习近平总书记在中共中央政治局第八次集体学习时强调了要突出抓好农民合作社和家庭农场两类农业经营主体发展，赋予双层经营体制新的内涵，不断提高农业经营效率。② 这一时期学术界对这一传统合作经济问题的研究也越来越多。

---

① 《农业部：全国各类农民专业合作社成员有 3486 万人》，http://www.gov.cn/jrzg/2007-07/06/content_675543.htm，最后访问日期：2022 年 10 月 19 日。

② 《习近平主持中共中央政治局第八次集体学习并讲话》，http://www.gov.cn/xinwen/2018-09/22/content_5324654.htm，最后访问日期：2022 年 10 月 19 日。

党中央和国务院持续完善农民合作社法律法规与支持政策，多个"中央一号文件"相继提出支持合作社发展的政策。尤其是 2013 年"中央一号文件"，第一次使用了"农民合作社"这个概念。并提出："鼓励农民兴办专业合作和股份合作等多元化、多类型合作社"，扩大了农民合作的范围。相关农业政策大都把农民专业合作社作为执行主体，强化和巩固了合作社作为农业领域生产主体、市场主体的合法地位。2019年"中央一号文件"也明确提出开展农民专业合作社规范提升行动。农民专业合作社已经成为带动农户进入市场的基本主体、发展农村集体经济的新型实体和创新农村社会管理的有效载体。

随着我国经济的发展，农村劳动力等先进要素不断外流，农民收入增长缓慢，"三农"问题凸显。解决这些矛盾的关键是要进行体制改革，要在小农户与大市场之间架一座桥梁，使二者有效地对接起来，实现农业现代化，并达到农民富裕的目标。党的十九大报告提出："实现小农户和现代农业发展有机衔接"。在基本国情下，需要有一种组织来实现小农户和现代农业的有机衔接，改变小农户的生产弱势、组织弱势和市场弱势。以土地规模化、组织规模化和服务规模化的方式将小农户引入现代农业发展的轨道，是实现中国农业现代化和服务规模化的重要前提，而发展农民专业合作社是提高农民组织化水平的关键措施。[1][2]小农户与现代农业的有机衔接需要生产性服务、经营性服务和金融性服务为小农户助力，无论是哪个环节，农民专业合作社都扮演着重要角色。[3] 无论是从日本、韩国等东亚国家和中国台湾省的经验，还是从改革开放以来中国大陆农业发展的历程看，"合作社 + 农户"无疑都是一

---

[1] 习近平：《把乡村振兴战略作为新时代"三农"工作总抓手，促进农业全面升级农村全面进步农民全面发展》，《人民日报》2018 年 9 月 23 日。

[2] 王定祥、谭进鹏：《论现代农业特征与新型农业经营体系构建》，《农村经济》2015 年第 9 期，第 23～28 页。

[3] 孔祥智、穆娜娜：《实现小农户与现代农业发展的有机衔接》，《农村经济》2018 年第 2 期，第 1～7 页。

种最重要的模式。①

　　当前，中国农业正在从过去40多年以单纯追求产量为特征的粗放型发展方式转向高质量发展方式，产量、品质并重，坚持走可持续发展道路。在乡村振兴大背景下，农业的多功能性正在得到充分发挥，这些变化都极大地促进了农民专业合作社的发展，其主要承担主体当然也是合作社。在过去10余年的发展中，农民专业合作社在促进农产品销售、推动农业资源优化组合、增加农民收入、推进农业现代化方面发挥了重要作用。但也有一些合作社发展不规范甚至背离合作社本质属性，这不仅不符合法规政策，而且对实践参与主体造成多种伤害。尽管当前我国农民专业合作社在发展过程中存在很多困难和问题，但仍有旺盛的生命力和广阔的发展前景。因此，本案例聚焦榕江县阳光蔬菜种植农民专业合作社的发展现状和现实困境，以期为其他地区农民合作社发展找到一条可借鉴的新路径。

二　案例描述

1. 合作社基本情况

　　榕江县阳光蔬菜种植农民专业合作社（以下简称阳光合作社）地处土壤肥沃、土地平坦、水源充沛、日照充足的榕江县车江坝区月亮寨村。位于榕江县东南部，距县城约13公里，阳光合作社成立于2017年10月11日，注册资金60万元，法定代表人为YQX，股东有YQX等5人。每位股东出资12万元，各占20%。阳光合作社由YQX等科技带头人以及种植能手组织发起，选举YQX为理事长，社员全部由月亮寨村蔬菜种植能手（五组和七组56名留守妇女）组成，是一个全部由农村妇女组建的农民合作经济组织，也是车江坝区唯一种植西红柿的合作社。目前，阳光合作社入社社员已发展到65户261人，阳光合作社现

---

① 孔祥智：《从2019年中央1号文件看合作社发展》，《中国农民合作社》2019年第3期，第46页。

有基地面积 360 亩。此外，阳光合作社还负责车江坝区贵阳农投公司60 亩蔬菜基地的田间管护工作。阳光合作社充分利用车江万亩坝区的自然优势，集中连片发展产业，以种植早熟蔬菜为主，采用菜 – 稻 – 菜轮作模式，主要种植西红柿、黄瓜、豇豆、辣椒、苦瓜、茄子、丝瓜、水稻等。

　　阳光合作社充分利用车江坝区的自然优势，集中优势种植技术，努力带领社员通过蔬菜种植来创收致富。农民把自家土地主动流转给阳光合作社，阳光合作社把包括一些没有能力管理的农户的土地集中起来，在管理上实现了"三个统一"：统一种植技术指导，阳光合作社对特色农产品的培育、包装遵循统一技术标准，以提升产品品牌化；统一种植品种，阳光合作社在特色农业的品种选择上，根据市场需求和当地实际，选择受消费者欢迎的品种来种植；统一销售渠道，阳光合作社依托信息灵通的优势，把销售延伸到各地市场，由理事会代表社员谈定价格和销售量，按照统一价格销售，推动了小生产与大市场的有效对接，让农户创收致富。阳光合作社主要以服务成员生产劳动价值实现为目的，建立健全收购销售体系。采取定点收购、上门收购或相互结合的方式，提供统一收购服务，确保农产品在成员手上不积压、不变质，在成员交售产品或市场销售实现后及时兑现收购资金。根据产品定位和利润空间大小，进行市场细分和分级销售，有选择、有重点、有结合地开发低端或中高端客户。阳光合作社自行组织销售的同时也与其他企业共建销售渠道，目前其生产的蔬菜产品主要供给贵阳市、凯里市及周边县市。并且，阳光合作社还满足了榕江县第三中学、榕江县中医院绿康源营养配送的需求。此外，榕江县结合粤港澳大湾区的市场需求，按照严格的分类标准，将不同品类的蔬菜源源不断地运往广东江南市场、深圳海吉星市场等多个大宗市场。车江坝区的蔬菜正丰富着粤港澳大湾区群众的菜篮子。车江坝区蔬菜正在实现从"养在深闺"到"走出山门"的转变，竞争力不断增强。

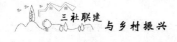

阳光合作社以"早果菜—水稻—秋冬菜"一年三熟高效种植模式进行种植。2020年春季，阳光合作社种植早熟蔬菜380亩，其中，西红柿200亩、黄瓜100亩、辣椒80亩。平均亩产4000公斤，平均销售价格2元/公斤，平均单季种植早熟蔬菜亩产值8000元。夏季种植水稻300亩，种植黄瓜50亩，种植豇豆30亩，其中，水稻亩产值1830元，黄瓜、豇豆平均亩产值3500元。秋冬季种植黄瓜、四季豆、菜薹等蔬菜，平均亩产2000公斤，平均销售价格3元/公斤，平均单季种植秋冬蔬菜亩产值6000元。按照"菜—稻—菜"种植模式可实现一年三熟四收，亩产值超过15万元。阳光合作社带动了月寨村农户创收增收，发展前景可观。

阳光合作社通过"龙头企业＋合作社＋基地＋农户"的运行模式，引进农业龙头公司，共同打造高标准蔬菜保供示范基地。阳光合作社通过"代种"或"代管"的方式与农户建立利益联结机制，负责蔬菜从耕地、移栽、施肥、除草到采收全过程。阳光合作社作为农户的组织，它的宗旨就是把农户组织起来，抱团经营，抵御风险。阳光合作社当前的主要做法有以下几种。一是直接与市场联结，实施订单农业。同时，联结龙头企业，提高技术水平，提高农产品的科技含量，实施规模经营。二是与农户联结，建立利益共享、风险共担的互助合作关系，共同应对市场风险和自然风险。三是实现利润最大化。通过组织进行统一谈判和销售，最大限度地提高农产品销售利润。通过组织成员批量购进农业生产资料等，可最大限度地降低生产成本。四是维护行业竞争秩序。通过为农户提供市场信息，把农产品有序地引向市场，降低市场交易成本，增强农民承受市场风险和自然风险的能力。

2. 阳光合作社发展面临的困境

得益于国家的各项有关农民专业合作社的支持政策，当前我国农民专业合作社迎来了黄金发展期，激发了各类型农民专业合作社的活力，加快了多种类型农民专业合作社的建立步伐，为农村适度规模化生产经营奠定了基础。然而，在合作社发展突飞猛进的同时，各种矛盾和问题也不断涌现，比如内部管理机制不健全、运行不规范、"空壳化"、"僵尸化"等问题，由此引发了社会各界对农民专业合作社发展质量的诸多质疑和发展前景的广泛争议。

阳光合作社成立之初，合作社社员们干劲十足，对于发展蔬菜种植产业满怀信心，一致认为只要选择好产业，把控好产品质量，产品肯定畅销，不愁卖。为了能提高产品产量，身为党员的社员还特意到上海学习种植技术，边种植边研究，对比各地西红柿种苗挂果情况，最终引进了安顺市的西红柿品种。由于榕江县车江坝区具有的"天然温室"的区位优势，坝区西红柿比其他地方的成熟时间要早，早熟蔬菜一上市就成为周边市场的抢手货，市场占有率较高，仅四个月时间就能实现亩均10000元左右的收益。阳光合作社将所获收益根据土地入股比例给入社农户分红。阳光合作社不仅为坝区附近异地扶贫搬迁安置小区部分群众提供了工作岗位，而且有效解决了部分家庭对家中老人和小孩的照管问题。然而，当阳光合作社实际运转起来以后，合作社社员们才发现有很多棘手问题，如财务记账谁来管、占股分红怎么分、怎么贷款、找谁贷款、农用物资去哪采购等，由于村民们的文化程度均不高，也没有经过专门的培训，这些问题让社员们束手无策，让时任合作社理事长的YQX伤透了脑筋。阳光合作社所遇到的难题并非个案，榕江县其他合作社在发展过程中或多或少都曾遇到过。长期以来，不会记账、记糊涂账成为制约榕江县600余家合作社发展的重要因素。

目前，榕江县大部分农民专业合作社的领办人主要是种养大户、农民经纪人、村干部等，他们的经营理念、管理能力、技术水平等总体上尚不适应农业产业化、规模化经营和千变万化的市场需求。同时，农民专业合作社受农业弱势产业的制约，没有经济实力吸引科技、营销、财会等方面的专业技术人才，懂技术、能经营、会管理的复合型人才严重短缺，很大程度上制约了农民专业合作社的创新和发展。与沿海发达地

区的农民专业合作社相比，无论是组织规模、业务内容、经济实力还是服务功能、合作程度、社会地位等，欠发达地区的农民专业合作社都有很大差距。欠发达地区农民专业合作社的发展仍处于起步阶段，发展相当缓慢，且具有地域性、封闭性、不规范性的特点，发展成功的、可借鉴的农民专业合作社的案例少之又少。

经过对农民专业合作社相关资料的整理和归纳，可以发现农民专业合作社发展的制约因素既有内在因素又有外在因素。内在因素主要表现在以下几点。一是合作社自身组织规范化程度低、民主管理机制贯彻难，多数农民专业合作社只是实现了形式上的规范，基本上没有按照农民专业合作社法规的相关要求办事，实际上处于放任自流状态。二是合作经济组织服务内容单一，服务水平低，形式简单，目前仅局限于提供一些基本的技术服务和市场信息，能够进入流通环节的为数不多，能够进行加工的农产品就更少。三是资金筹措渠道狭窄。资金短缺成为农民专业合作社发展的瓶颈。合作社通过政府支持和信用社贷款比较困难，各种合作社获取资金的主要途径主要为农民自筹、外部股金和自我资金积累。缺乏资金使得一些合作社发展举步维艰，难以培植主导产业和扩大经营规模，发展后劲不足。四是知识产权保护意识淡薄。农民专业合作社多数没有为自己的产品注册商标，优质农副产品、地方特产无法为合作社提供无形资产，合作社也无法获取无形资产带来的最大附加值。外在因素主要表现在以下几点。一是小农意识严重。几千年来，我国农民形成了一种以男耕女织为基础的自给自足、封闭、守旧、安贫乐道、小富即安、安土重迁的小农意识，合作意识淡薄，顾虑太多，参与热情不高。二是农业劳动人口锐减。城市的种种优渥条件吸引，而农村农副产品价格低廉等，使得大量农村青壮年外出务工，有一定"厌农轻农"情绪，因此入社兴致不高。三是地方政府重视不够。对合作社的发展不积极引导，放任自流，有的政府则为了突出政绩，只管农民专业合作社数量，不管质量，更不管其后续发展，甚至不顾本地实际情况和农民意愿，搞"一刀切"。

3. "社社联建"改革实践

为了改变榕江县农民合作社面临的现实困境，榕江县委、县政府聚焦农民专业合作社规范提升，发挥党委、政府的保障作用，引导农村信用联合社（农村商业银行）参与互助共建，创新"社社联建"机制，即农民专业合作社与农村信用社根据各自的特点，扬长补短、对症施策，发挥农村信用社网点遍布乡村且工作人员知识层次相对较高的优势，同时收蓄资金，实现二者的良性互动。采用"合作社＋信用社"的"社社联建"发展模式，打破微观经济单元壁垒，不断激发农村微观经济活力，推动要素配置有效流动，为持续巩固脱贫攻坚成果，实现乡村振兴探索出了一条新路。在初步了解农民专业合作社存在的困难和问题后，贵州省农村信用联社驻黔东南州党工委从辖区内16家信用社/农村商业银行抽调92名业务骨干组建榕江县"社社联建"先锋队，共分为6个战区、16个小组，并进驻榕江县各地，对全县所有的农民专业合作社开展为期1个月的财务指导和产业指导，以集中培训和一对一指导的方式，指导服务区域内农民合作社做好记账工作和帮助合作社做好产业选择，明晰发展方向。

据2020年初统计，榕江县共有681家合作社，正常运营的合作社只有342家，真正发挥作用的就更少了，半数以上名存实亡。榕江县相关部门调查发现，长期以来，榕江县农民专业合作社普遍存在产权不明晰、权责不明确等诸多问题，如未按照《农民专业合作社法》建立完善股东权益和利润分配机制，成员出资、盈余公积、营业外收入（国家财政补助）、捐赠、未分配利润等资产和所有者权益未明晰，以及风险分担未明确等，且账目不清、财务记账不规范。大部分合作社没有专业财务人员，不知道怎么记账、账务不清，导致农民专业合作社做不大、做不强，容易纠纷扯皮，运作和管理随意性较大，社员受益少；谋划欠缺，产业选择不精准，部分合作社未结合当地实际进行选择，而是盲目"跟风"。农民专业合作社社员普遍受教育程度不高，对市场行情掌握不准、对县里产业政策了解不透。长期以来，全县各村实施的产业存在随意性，产业发展以小规模、分散式经营为主，规模化程度低，精深加工能力弱，产业附加值低，其发展动力不足，且内部治理机制不完善。部分合作社虽制定了章程，成立了理事会、监事会等组织机构，但章程和制度形同虚设，社务不公开，不按章程办事，运作和管理随意性大，民主监督缺位、缺乏活力，合作流于形式；缺乏制衡机制，利益分配存在不公，财务开支不透明，股东之间在经营上相互猜忌。这些问题严重制约了农村经济的健康可持续发展，已成为制约榕江县推进乡村振兴战略在农村落地落实的重要瓶颈。

2020 年"中央一号文件"也指出，要重点培育农民专业合作社、家庭农场等新型农业经营主体，培育农业产业化联合体，将小农户融入农业产业链。作为一种互助性经济组织，农民专业合作社可有效促进农民互助合作，消除农产品与市场间隔阂，进而提高农民收入，繁荣农村经济发展。① 榕江县紧紧围绕党中央、国务院和贵州省委、省政府关于脱贫攻坚、乡村振兴的政策文件和会议精神的切实要求，确定了全县"果、蔬、药、菌、猪、鸡"六大主导产业。全面落实农村产业革命"八要素"，在产业组织化、规模化、市场化过程中，紧盯农民专业合作社按照推动传统农业向现代农业"六个转变"的要求，在推动"社"这个关键主体，探索以"合作社 + 农信社"形式构建"社社联建"机制，形成可推广的榕江模式，推动合作社发展由数量扩张向全面质量提升转变。

自 2020 年榕江县启动实施"社社联建"以来，阳光合作社在原先管理制度的基础上，在"产业指导员"和"财务指导员"的保驾护航下，又有了供销社给予农用物资的采购指导（供销社帮助农民专业合

---

① 《中共中央　国务院关于抓好"三农"领域重点工作确保如期实现全面小康的意见》，《人民日报》2020 年 1 月 2 日。

作社做好产品销售和宣传，农产品打开了销路），走上了健康有序发展的"阳光大道"。

要发展产业，产业选择是第一要义。在"产业指导员"的帮助下，榕江县98家合作社解决了"不知道发展什么产业"的问题，大大降低了因产业选择失败而导致合作社受损、社员积极性被打击的风险。在加入"社社联建"的合作社当中，发展"六大产业"的合作社占比为74.26%，为全县农业产业规模化发展提供了有力支撑。农业产业有效带动了当地农户劳动力就业累计2249人次、实现增收2196.76万元；解决贫困户1311人就业，帮助增收1151.6万元。财务是企业管理的中心环节，财务管理不规范是合作社经营发展中的"硬伤"和"短板"。经过"财务指导员"的悉心指导和系统培训，合作社"不知道怎么记账""财务管理制度不规范""不知怎么填写支票"等问题得到有效解决。截至第一阶段，累计完成合作社在信用社开户96家，确立财务人员96家，建立财务制度79家，规范账本76家，现有资金记账73家。合作社的稳健发展离不开金融支撑，通过"社社联建"模式，农信社先锋队为合作社提供金融服务"更上心"，并有针对性地为合作社"开小灶"。先锋队为合作社畅通融资渠道，根据不同需求，提供"深扶贷""复工战役贷""易居贷""决胜脱贫贷"等信贷产品，还为合作社讲解政策方针、金融知识、产业技术，手把手教社员使用手机银行、网上银行、黔农e贷等，不断提升社员素质，促进产业发展。当前，榕江县82家合作社的股东在信用社获得以上产品贷款，累计金额达4881.98万元，为合作社扩大生产经营规模和复工复产提供了资金支持。

三 案例总结

自《农民专业合作社法》实施以来，我国的农民专业合作社在数量和规模上进入了发展的快车道，成为打赢脱贫攻坚战的重要组织载体和推进乡村振兴战略的中坚力量，催生了一批产业发展好、农民带动广、经营效益佳的优秀典型案例。但也要清楚地看到，我国的农民专业合作社在发展过程中还存在很多普遍性的问题。欠发达地区受环境、地理区位等因素的影响，要素禀赋具有数量上严重短缺、空间分布上不均衡的特点，这就需要各个地方根据实际情况统筹和优化合作社发展的路径。榕江县是一个典型的经济欠发达地区，曾是国家扶贫开发重点县，合作社主要由各村村民自发组成，由于社员受教育程度不高，缺乏懂技术、懂管理的专业人才，从而造成了合作社散、小、弱的经营乱象。在决战决胜脱贫攻坚的最后冲刺阶段，榕江县委、县政府在深入践行农村产业革命"八要素"的过程中，创新实施"社社联建"，为农民专业合作社的发展搬来了救星。在产业指导员和财务指导员的保驾护航下，农民专业合作社从几乎解散到做大做强，形成集种植、生产、加工、销售为一体的产业链，实现了生产效益的最大化，确保了参与农户稳定增收。"社社联建"模式的创立无论是在理论层面还是在实践层面都具有一定可操作性，但目前仍处于起步阶段，需进一步展开探索，以期为其他地方的农民合作社发展提供经验借鉴。

榕江县"社社联建"工作在第一阶段取得了明显的成效，但仍存在很多问题和困难。具体表现在：一是思想认识仍不到位，明显存在"上热、中温、下冷"现象，工作推进缓慢，部分乡镇存在等待观望现象；二是合作社经营状况底数不够清楚；三是培训指导针对性不够强，未能做到因社制宜；四是合作社规范管理意识不强，部分合作社配合不积极，合作社财务人员不稳定，文化水平偏低。针对"合作社＋信用社"模式现存的问题，可以从以下几个方面开展工作。一要加强统筹协调，加大宣传力度，提升对"社社联建"工作的认识。二要加强实地调研，摸清合作社底数。深入了解合作社的资产、经营、产业等情况，根据合作社的需求来开展工作。三要加强产业选择和财务管理的培训，结合片区合作社实际情况，针对存在的困难和问题"对症下药"。四要完善制度建设，细化操作流程。明确产业指导员、财务指导员的职责，建立相应考核机制，实行定期考核，确保提质增效，进一步优化合作社管理班子。"社社联建"第一阶段的试行，取得了较好的成效，为第二阶段的全面推开打下了坚实基础。榕江县"社社联建"机制的运行和推进不仅壮大了农村经济，还为乡村振兴、黔东南农信助农提供了相关经验，努力探索出了一条可借鉴、可推广的新路径。

第四节　"三社联建"助推茶产业发展

——两汪青白茶产业发展改革案例

一　案例描述

黔东南尖尖冒壹乐生态发展有限公司成立于 2017 年 8 月 24 日，注册资金 5000 万元，由两汪乡 7 个村级合作社共同组建，是集有机青白茶种植、加工、销售及茶文化传播于一体的农业产业化经营重点龙头企业。两汪乡位于榕江县西北部、雷公山腹地，距县城 94 公里，距凯里州府所在地凯里 120 公里。全乡辖 7 个行政村，26 个自然寨，40 个村民小组，境内地势平缓，属中低山地地貌特征，冬无严寒，夏无酷暑，属北亚热带湿润气候，符合发展青白茶种植产业。2020 年，公司拥有茶园 8000 余亩，其中有机青白茶种植基地 5000 亩，拥有 SC 标准化加工厂房 2000 平方米，共开设青白茶品鉴店 2 个，营销点 5 个，仓库 2 个，冷库 3 个。

近年来，榕江县两汪乡认真贯彻落实州委、州政府，县委、县政府脱贫攻坚决策部署，在实施决胜脱贫攻坚行动进程中，紧密围绕"生态立乡、产业富乡、旅游兴乡"战略目标，结合乡情，因地制宜，整合资源，充分利用地理气候条件和生态环境等农业资源优势，大兴白茶产业建设，大力扶持村级集体经济公司，实践探索出了一条以"党支部＋公司＋合作社＋基地＋贫困户"的产业规模化抱团发展新模式。

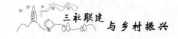

脱贫致富快，要有产业带，因此，产业选择至关重要。两汪村党支部坚持党建引领脱贫攻坚，带领全村党员群众凝心聚力谋发展、促脱贫，走出了一条"党建引领、整村抱团"的脱贫致富之路。在推动产业落地过程中，两汪村村支"两委"成员及驻村工作组共走访动员群众 500 余人次，培训党员干部、群众 800 余人次，召开产业发展调研座谈会 30 余次，带领全村村民主动思考、主动谋划，并最终确定了以有机青白茶为主、其他"短、平、快"项目为辅的产业发展方向，进一步增强了广大村民通过产业发展实现脱贫致富的信心。

2016 年以来，为加快全乡产业扶贫和脱贫致富奔小康步伐，两汪乡党委、政府把青白茶列入了"十三五"规划产业发展纲要，并将其作为两汪乡精准扶贫重点产业项目来精心组织实施。按照"区域布局，集中连片，重点扶持，抱团发展"的工作思路，强力推动青白茶产业实现了规模化发展。两汪村群众在村党支部引领下，采取"党支部 + 合作社 + 基地 + 贫困户"的发展经营模式，于 2016 年 4 月分别建立了7 个村级农民专业合作社，合作社捆绑财政扶贫资金和贫困户"特惠贷"资金实现整村抱团发展。同时，2017 年 8 月，两汪村和其他 6 个村联合组建了乡级龙头企业——黔东南尖尖冒壹乐生态发展有限公司，注册资金 5000 万元，管理上强化公司"姓公"，实行村支"两委"成员、合作社理事、合作社监事与公司董事、经理交叉任职，最大化让利于村集体、让利于群众。同时，合作社按"622"分红模式进行利益分配，即利润的 60% 作为入股的农户分红、20% 作为全体农户所有、20%作为村集体经济，确保贫困户投资有收益。

两汪乡的土壤、气候、海拔、生态环境造就了两汪青白茶的特有品质。秉承"原生态、绿色、有机"的产品理念，坚持做"有机茶"，走高质量发展之路，为榕江茶叶品牌打好基础。经过这几年的发展，良好的生态环境，优质的茶叶质量，使榕江青白茶名气越来越大。榕江青白茶在 2018 年获得"黔茶杯"名优茶评比特等奖，2019 年获得"黔茶杯"二等奖，2020年获得"黔茶杯"一等奖。近年来，黔东南尖尖冒壹乐生态发展有限公司立足于茶园生态资源优势，抢抓茶产业发展机遇，准确定位，科学规划，以茶园标准化建设为主线，以自动化、规模化加工升级为重点，以质量安全建设为核心，以品牌打造和市场拓展为引领，努力发展青白茶产业。截至2020年8月，公司纯利润为112.39万元，年产青白茶25吨，年产值1000万元，主要销售茶叶、菜籽油、油枯等产品。同时，提供灵活就业岗位4000余个，茶园务工方式带动了1000余人，每人年均增收5000元。利益联结带动834户3784人实现增收，每户年均增收2500元。努力实现了贫困户发展有带动、入股有分红、就业有保障、劳务有收入的"四有"目标。

截至2020年底，榕江县茶叶种植面积1.42万亩，其中青白茶9000多亩、黄精芽茶叶4000多亩，还有小部分青钱柳。茶产业涉及全县两汪、乐里、崇义等7个乡镇，涉及茶农2439户10831人，投产面积8518亩，有茶叶企业及合作社15家。2020年，榕江县产茶（干茶）38.5吨，实现产值3500万元。

二 案例分析

近年来，榕江县认真贯彻落实中央、省、州脱贫攻坚决策部署，聚焦农村产业革命"八要素"，全面开展"三社联建"，引导合作社规范化发展，实现了合作社、农信社和供销社三者之间的良性互动、共赢进步。榕江创新实施农村信用社与农民合作社"社社联建"，通过向合作社选派财务指导员和产业指导员，帮助合作社建立财务制度、规范收支记账和选择产业方向，促进合作社"产业科学、信用优良、运转健康"，黔东南尖尖冒壹乐生态发展有限公司自2017年8月成立以来，在县农信社财务人员的指导下，会计记账流程及票据归档越来越规范。公司的财务凭证已按月归档，账本一目了然，每月还制作财务报表并公开，接受合作社社员的监督。每月一次开展"三社联建"集中学习，农信社财务指导员 SQL 通过一对一、一对多的方式开展指导。截至 2020 年 7 月，两汪乡有 543 户用"特惠贷"资金 2715 万元入股合作社；在供销方面，2021 年，供销社协助购买芭田有机化肥 150 吨、饲料 30 吨，引入"三社联建"创新模式之后，公司得到了 2715 万元的资金支持。公司及合作社加大了产品的销售和宣传力度，提升了产品的知名度、美誉度和群众的认可度。"三社联建"模式让合作社财务理得更清、产业选得更准，为推动农村产业发展积蓄了强大的能量。具体而言，在"三社联建"模式的驱动下，黔东南尖尖冒壹乐生态发展有限公司的产业发展突飞猛进，具体而言，呈现以下鲜明特点。

1. "三社联建"打破组织壁垒，取长补短实现互利共赢

聚焦制约合作社发展运营"产业选择不准、财务管理不清"两大核心难题，成立了榕江县"社社联建"工作专班，配齐配强产业指导员，由信用社业务员担当农民专业合作社产业指导员和财务指导员，通过"每日一调度、三天一研判、一周一小结、一月一推进"工作机制，指导帮助合作社选择发展产业、建立财务制度、规范收支记账，促进合作社"产业科学、信用优良、运转健康"可持续发展。"社社联建"自 2020 年 2 月底启动以来，已实现 278 家农民专业合作社与农村信用社联建，实现了二者良性互动、共赢发展。

2. 下沉先锋队伍骨干力量，强化服务推动企业发展

精心选派 92 名业务骨干组建了榕江县"社社联建"先锋队，联系 278 家合作社，定期深入合作社进行指导，制定产业发展类别清单，推进产业规模化发展；财务指导员帮助建立财务制度、规范财务记账工作，由农村信用社为农民专业合作社提供优质结算服务和融资绿色通道，明确"特惠贷"、"深扶贷"以及"摇钱树"系列信贷产品，对合作社产业发展加大贷款支持力度。据统计，近年来农信社为合作社提供金融服务，合作社共获得贷款支持 2178.55 万元，农信社吸纳存款 2812.5 万元。

3. 利用信息优势精选产业，建立完善利益联结机制

大力推广"龙头企业＋农民合作社＋农户"的生产经营方式，采用"全民参股＋产前期保底分红＋产后'622'效益分红"的利益联结机制，有效保障农户在产业链、利益链、价值链中的份额，扶贫资金所有权、使用权、收益权"三权分置"改革得到落实，永久性的利益分配模式真正做到了让利于民，实现了村民持续稳定增收，获得实实在在的收益。充分利用农信社平台优势，发布产品信息，帮助打通农产品销售最后通道，实现农户有增收。例如，农信社将两汪乡7家合作社列为扶持对象，帮助其白茶商品上架"贵州农信黔农云"农产品交易平台，提高了品牌知晓率和销售率，鼓了群众腰包，不断增强了群众致富信心。持续依托"贵州农信黔农云"农产品交易平台，让278家专业合作社生产的产品和农信社合作，稳步拓展销售渠道，打通"榕货出山"的"最后一公里"。

4. 引导产业直接对接市场，深化合作工作成效显著

通过开展"社社联建"，指导和扶持农民专业合作社发展，把千家万户分散的农民和千变万化的市场联结起来，按照市场信息组织生产和销售，推进产业规模化、组织化、市场化发展；成立集农产品生产、加工、包装、销售和技术指导于一体的黔东南尖尖冒壹乐生态发展有限公司，采取"村两委＋村级集体经济公司＋合作社"的管理模式，依托浙江安吉茶叶销售市场，探索自己的初加工生产线，不断提高产品的附加值，真正做到内联生产，外联市场。推广"龙头企业＋合作社＋农户"组织方式，合作社与农户形成联系紧密的产业共同体、利益共同体，带动农民实现持续增收，让村民获得持续稳定收入。截至2021年底，"社社联建"有效带动就业2249人次、实现增收金额2196.76万元，解决贫困户1311人就业，帮助贫困户实现增收1151.6万元。"社社联建"抱团发展模式得到省委主要领导高度认可，人民网、新华网、《贵州日报》等主流媒体进行了报道和推广。

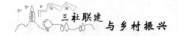

三　案例总结

1. 用"社社联建"壮大集体经济，完善财务管理机制

2017 年，为进一步扩大产业扶贫覆盖面，做大做强做优青白茶产业，两汪乡针对大部分贫困户缺资金、缺技术、缺管理的实际，结合白茶产业标准化、规模化、市场化的发展趋势。在乡政府所在地成立了黔东南尖尖冒壹乐生态发展有限公司，截至 2020 年底，带动农户抱团发展，实现贫困户产业扶贫全覆盖。

2020 年底，全乡白茶种植面积已达 8000 余亩，7 个行政村党支部都建立了专业合作社，吸引 543 户贫困户用 2715 万元"特惠贷"资金自愿入股合作社"抱团发展"，已取得了显著产业效益，年销售额达到 1000 万元。公司自组建以来，逐步完善财务制度，聘请专业财务人员对企业资金进行规范管理，降低资金管控风险。明确集体公司资金规范管理和安全运行机制，规定公司由理事会负责经营管理，监事会负责监督资金运行，大额资金使用须经乡主要领导审核、研判，确保公司资金使用安全和产业资金不流失。

2. 用"社社联建"捆绑利益联结机制，完善利益分享机制

结合茶叶的生产周期，两汪乡积极探索贫困户"长短结合"利益联结机制，在捆绑贫困户以"特惠贷"入股联村工贸公司发展有机白茶效益产生前，每年按 10% 的保底分红。在茶园进入丰产期后再按"622"分配模式进行分配确保贫困户投资有收益。贫困户还清"特惠贷"本金后，所持股份不变，可根据茶叶出产年限持续享受分红。

按照产业利益联结协议，公司、合作社和贫困户分别按照"622"的利润分配机制进行利益分配。从 2016 年到 2020 年 12 月，贫困户共实现分红 292.12 万元，全乡 7 个村的集体经济收益达 130 多万元，村集体经济积累 200 余万元。贫困户真正享受到了精准扶贫的政策红利。推行"党支部 + 公司 + 合作社 + 基地 + 贫困户"产业规模化抱团发展

新模式，将贫困户与合作社及村级公司联结，既做到了精准扶贫，又支持了地方龙头企业的快速发展。

3. 用"社社联建"助力完善市场营销机制

一是将青白茶产品分为三个系列："青白人生"、"青白雅致"和"青白淡泊"；二是公司采取线上网络、手机 APP 和线下品鉴店、销售点的"双驱动"模式销售产品。目前，除在淘宝、抖音等平台销售茶外，还与深圳洪泽科技有限公司签订了战略合作协议，并入驻京东、淘宝、天猫、拼多多等电商平台；三是与贵州省盐业公司的合作联系，以本地特色产品和茅台酒捆绑销售；四是"雷榕共助"力推当地农产品在凯里、榕江、黎平等地均设有店面，为茶叶销售提供坚实的保障；五是加强产品宣传，在榕江县城公路段及榕江—凯里高速路段沿途进行形象广告宣传，在超市、小区等区域进行液晶屏广告宣传，在电视媒体、网络等进行宣传；六是积极参加茶赛事、展销会、博览会等活动；七是打造"短裙苗乡"、"贵青白"2 个商标品牌。

4. 用"社社联建"助力脱贫攻坚机制，壮大龙头企业带动效应

黔东南尖尖冒壹乐生态发展有限公司作为两汪乡的龙头企业，从成立之初便承担起了两汪乡脱贫攻坚的重大责任，承担着全乡青白茶产业的加工、销售、品牌宣传等重任。公司每年为全乡加工茶叶 2 万斤，销售茶叶 2 万斤，年销售额达到 1000 万元，新增灵活就业岗位 4000 余个。在产业与就业方面贡献卓越，是全乡农业产业发展最重要的组成部分。

两汪乡在引领群众实施产业发展致富过程中，把尖尖冒壹乐生态发展有限公司作为带动全乡产业扶贫重点龙头企业来扶持发展，贯彻落实了国家精准扶贫、精准脱贫基本方略，开创了全乡扶贫工作新局面。公司采取"抱团发展"新模式，有效解决了贫困户融资难、发展难、销售难、致富难等问题，解除了青白茶种植户发展产业的后顾之忧，为银行、公司和农户之间搭建了良好的发展平台，在有力促进地方产业建设

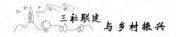
和经济发展的同时，实现了贫困户、公司和银行三方共赢的目标。

第五节 "三社联建"助推百香果产业发展
——惠农种养殖农民专业合作社改革案例

一 案例背景

改革开放 40 多年来，农业、农村和农民生活发生了翻天覆地的变化，其背后的原因当然有很多，其中，农民合作社的产生、发展及其在形式上的不断创新，是推动农村经济社会发展的重要动力之一。

党的十八大以来，我国农民专业合作社从横向合作化向纵向合作社迈进，从单一功能向综合功能拓展，从传统合作向新型合作演变，从农户个体合作向社际协作转变。习近平总书记对农民合作社的发展也多次做出重要指示批示。2018 年 9 月，习近平总书记在中共中央政治局第八次集体学习时强调要突出抓好农民专业合作社和家庭农场两类农业经营主体发展，赋予双层经营体制新的内涵，不断提高农业经营效率。[①] 在巩固拓展脱贫攻坚成果与乡村振兴有效衔接的进程中，我们要发挥农民专业合作社保障农民主体地位和保护农民发展权益的作用，整合资源和合作社进行对接，一方面，为合作社发展营造良好外部环境，促进合作社产业升级和社员规模持续扩大；另一方面，发挥合作社在人才、组织、产业、生态以及文化五大方面的功能，促进乡村振兴战略落实。

2020 年，"中央一号文件"指出，脱贫攻坚已经取得决定性成就，绝大多数贫困人口已经脱贫，到了攻城拔寨、全面收官的阶段。为全面打赢脱贫攻坚战，全面建成小康，我们要进一步聚焦"三区三州"等

---

① 《习近平主持中共中央政治局第八次集体学习并讲话》，http://www.gov.cn/xinwen/2018 – 09/22/content_5324654.htm。

深度贫困地区，瞄准突出问题和薄弱环节集中发力，狠抓政策落实。①
对深度贫困地区贫困人口多、贫困发生率高、脱贫难度大的县和行政
村，要组织精锐力量强力帮扶、挂牌督战。因此，在决战决胜脱贫攻坚
的收官之年，作为滇桂黔石漠化片区深度贫困县、国家扶贫开发重点县
和全国52个挂牌督战的深度贫困县之一的榕江县，决定以合作社、信
用社和供销社作为突破口，寻找合作社存在的问题和困难，发挥信用社
和供销社的资源优势，协同发展农村产业经济，改变农村贫困现状。截
至2019年底，全县累计实现16个贫困乡镇减贫摘帽、137个贫困村出
列、27861户126262贫困人口脱贫，尚有未脱贫人口3974户11793人，
23个贫困村未出列，贫困发生率3.52%。新中国成立初期，"三社"作
为国家工业化战略的有机组成部分，为国家实现快速经济发展、超常速
的工业化提供了必要条件，今天，信用社、供销社与农民专业合作社的
融合发展已经为打赢脱贫攻坚战和助力乡村振兴打下了坚实基础。本案
例聚焦榕江县高文村惠农种养殖农民专业合作社转型发展进程，探讨合
作社、信用社和供销社创新融合发展实践所具有的现实意义。

二 案例描述

1. 合作社基本情况

榕江县高文村惠农种养殖农民专业合作社（本案例部分以下简称
惠农合作社）于2016年4月成立，注册资金60万元。合作社负责人
LCL，是古州镇高文村村民，也是古州镇脱贫攻坚带领贫困户脱贫致富
的主要致富能人之一。2020年以前，惠农合作社大力发展香葱产业，
是榕江县香葱产业最大的品牌合作社。但因餐饮业受疫情影响，原本销
往外地的香葱几乎处于滞销状态，所有香葱全部烂在地里，造成巨大经
济损失。"创业难，守业更难，村集体经济不是某个人的，村民个个都

---

① 《关于抓好"三农"领域重点工作确保如期实现全面小康的意见》，https://www.ntv.cn/
folder528/folder541/folder899/folder900/2021 – 02 – 19/NlJ1LUJtwf3YcvQ8. html。

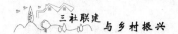
是当家人。"高文村党支部书记 LYS 时常用这句话勉励村"两委"一班人。对于如何重新选择产业，让合作社正常运营是迫在眉睫的难题。2020 年，惠农合作社在镇党委、政府的引导下，通过"社社联建"产业指导，经营产业由香葱转变为居榕江县"六大产业"之首的百香果。

2020 年，百香果种植获得国家项目资金 23.64 万元，种植总投资 280 万元。同年，百香果种植面积为 1530 亩，年产量达 60 万斤，收益近 400 万元；实现每日带动就业 50～60 人，惠及农户 383 户 1853 人（捆绑建档立卡贫困户 181 户 836 人），工人每天工资 130 元。

惠农合作社通过参与"社社联建"和"三社联建"，实现了产业转型发展。在组织建设方面，高文村采取"党支部 + 合作社 + 农户 + 贫困户"的模式统筹推进产业建设和发展。与此同时，惠农合作社成立了高文惠农党支部，推行"支部 + 专业合作社"模式，由村党委委员担任党支部书记，并积极把惠农合作社理事人员发展为党员，同时使其成为村党支部支委委员，加大"交叉任职力度"。在财务管理方面，通过"社社联建"财务指导，惠农合作社的财务凭证按月归档，每月制作财务报表并公开，还采取"线上""线下"同步公开，"线上"即通过电脑、手机微信就能查看账目明细和支出凭证，"线下"即每月在村务公开栏或理事长会议上进行公开。在拓展营销渠道方面，坚持"质量第一、信誉第一"的原则和"及时、高效、质量"的基本要求，通过"三社联建"农资指导、销售指导，县供销社为惠农合作社统一提供所需农资和为百香果销售寻找渠道。2020 年，在古州镇党委、镇政府和县百香果专班的大力支持下，通过在中央电视台 7 频道、贵州卫视《与梦想合拍》栏目宣传后，高文村获得的订货客商有 305 家；通过参加"贵州省 2020 年精品水果品鉴会"活动，高文村获得的订货客商有 110 余家。同时，从广西、福建等省份上门预订购的有 4 家，单周预订量都在 10000 斤以上。

2. 合作社发展面临的困难

在各级政府和各种社会力量的扶持下，我国农民专业合作社快速发展，由数量的激增阶段过渡到数量增加、质量提升的阶段。如今，农民专业合作社是带动各类涉农主体融入现代农业、参与市场竞争、优化配置乡村治理资源、促进乡村社会事业发展的有效载体。

虽然我国农业政策不断完善，但我国农民专业合作社、农村集体经济发展尚处于初级阶段，还存在不少问题和痛点，主要表现为以下几个方面。一是规模化程度低，抗风险能力弱。虽然合作社是农户脱贫致富、乡村振兴的重要抓手，但部分合作社仅为应付考核、获取补贴，在未充分调动农户积极性的情况下，仓促组建，导致社员逐渐退出，从而荒废经营，最终沦为"空壳社""僵尸社"。二是金融供给不足，缺乏风险防范机制。合作社信贷资金供给非常有限，随着生产经营规模的不断扩大，小额信贷资金已不能满足其生产经营过程中的大额资金需求。但受限于合作社自身能力不足、外部增信机制不健全，合作社资金难以满足其长期发展需要，更别说风险补偿机制和商业保险分担机制。当前农村地区缺乏风险补偿机制、政策性或合作性担保机制，农民专业合作社的贷款担保基金少，农业保险公司少，合作社与保险公司沟通合作少，合作社的贷款风险高，商业保险供给不仅积极性差且农险品种少，保险赔付率也高于一般产业。三是产业发展盲目，合作社经营收益不高。大多数社员对产业规划、产业政策理解不透彻，选择产业时没有认真结合本村、本社实际，进行针对性分析和合理科学规划，常常是盲目地跟随邻村合作社的产业来发展，别人种什么、养什么自己就跟着种什么、养什么，别人怎么做自己就怎么做。并且，合作社缺乏市场拓展能力，对市场行情掌握不准。大多数合作社缺乏专业销售人员，或是没有得到专业的销售指导，大多数依靠传统、单一的销售渠道，常常是有好产品不知道怎么卖、拿去哪里卖、卖多少钱，有的卖了产品不知道是赚还是亏，有的则是等有了好价钱再卖，容易造成产品滞销，极大地影响了农民专业合作社的经营收益，群众未能享受到产业发展带来的红利。四是整体带动能力不强。资金和人才都是合作社规模化发展、辐射带动作用进一步加强不可或缺的两大因素，但现阶段，合作社发展资金主要来自农户、领头者和国家财政的扶持。资金来源渠道单一制约着合作社的进一步发展和壮大。再加上，农民在自身文化素质相对不高的情况下，很难适应市场化竞争的需求，使得合作社缺乏技术研究和市场营销等人才。五是示范社打造工作相对滞后。示范社的成本高，示范带动作用不明显，需进一步加强规范制度、机制建设。要围绕"找准一批好项目、选择一批重点社、培养一批带头人、打造一批示范点、形成一批新成果"的工作目标，坚持点面结合，注重示范引领，完成一批示范社创建工作。

3. 从"社社联建"到"三社联建"落实乡村振兴路径

为按时高质量打赢脱贫攻坚战、接续乡村振兴和解放农村生产力，从而促进农村改革，2020 年以来，榕江县认真落实农村产业革命"八要素"，创新实施"社社联建"项目，即农民专业合作社与农村信用社根据各自的特点，扬长补短、对症施策，发挥农村信用社工作人员知识层次相对较高且市场信息灵敏、财务管理专业、网点遍布乡村的优势，当合作社的产业指导员和财务指导员，帮助合作社建立财务制度、规范收支记账和把脉产业方向，推动合作社发展由数量扩张向全面质量提升转变，同时收蓄资金，实现二者的良性互动。在确定作为规模化、市场化、组织化产业来优先发展的"果、蔬、药、菌、猪、鸡"六大主导产业以后，2020 年，2 月初，榕江县动员全县上下以"合作社 + 农信社"形式全面开展"社社联建"；6 月，贵州省联社黔东南审计中心组建"社社联建"先锋队，由黔东南农信 16 家行/社的 92 名精英组成，分 6 个战区、16 个小组，对全县所有的合作社开展为期 1 个月的财务指导和产业指导，以集中培训和一对一指导的方式，指导服务区域内合作社做好记账工作和帮助合作社做好产业选择，明晰发展方向。为全面决战"两江"（从江、榕江），奋力助推"从榕"（从江、榕江）出列，全力助推打赢脱贫攻坚战贡献黔东南农信的一份力量。

　　通过对县政府相关部门的调查，我们发现，当前全县农民专业合作社发展还存在不少问题，主要表现在五个方面。一是产权关系不明晰。农民专业合作社作为具有法人资格的市场经济主体，要得到高质量可持续发展，具备规范而完善的产权制度是关键。合作社多数存在产权不明晰、权责不明确等诸多问题。如未按照《农民专业合作社法》建立完善的股东权益和利润分配机制，未明晰成员出资、盈余公积、营业外收入（国家财政补助）、捐赠、未分配利润等资产和所有者权益，以及未明确风险分担比例，等。二是内部治理机制不完善。部分合作社制定了章程，成立了理事会、监事会等组织机构，但章程和制度形同虚设，社务不公开，不按章程办事，运作和管理随意性大，民主监督缺位，缺乏活力，合作流于形式。缺乏制衡机制，利益分配不公平，财务开支不透明，股东之间在经营上相互猜忌。三是合作社发展不均衡。全县合作社总数虽有 681 家，但真正正常运营的仅有 342 家，真正发挥作用的就更少，有相当一部分合作社有名无实。四是产业选择不精准。农民专业合作社社员普遍受教育程度不高，导致他们对市场行情掌握不准、对县里产业政策了解不透彻，长期以来，全县各合作社发展的产业存在随意性，产业发展以小规模、分散式经营为主，规模化程度低，精深加工能力弱，产业附加值低。五是财务记账不规范。大部分合作社没有专业财务人才，不知道怎么记账、财务账目不清，导致农民专业合作社做不大、做不强，容易纠纷扯皮，运作和管理随意性较大，社员受益小。这些问题严重制约了农村经济的发展，影响了决战决胜脱贫攻坚的顺利进行，已成为制约乡村振兴战略在榕江县落地落实的重要瓶颈。

　　农民合作社作为重要的新型农业经营主体之一，要发挥其整合社会资源、优化要素配置、推动规模经营、促进农业现代化发展等功能和作用，更好地服务于乡村振兴战略，必须大力扶持，促进其高质量发展。正如 2022 年"中央一号文件"提出的那样：推进农民专业合作社质量提升，加大对运行规范的农民专业合作社的扶持力度，建设现代农业经

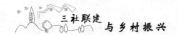

营体系。自榕江县实施"社社联建"以来，在产业选择方面，合作社在产业指导员的帮助下，及时调整不符合国家规定或不适应市场需求的产业。目前，全县278家合作社确定了符合自身实际的产业发展方向，结合属地资源禀赋，因地制宜选准主导产业，解决了"不知道发展什么产业""产业选择不适合当地条件"等问题，大大降低了因产业选择失误而导致合作社受损失、社员积极性受打击的风险。在加入"社社联建"的合作社当中，选择榕江县六大产业的合作社占比为74.26%，为榕江县产业规模化发展提供了有力支撑。在财务管理方面，通过财务指导员的悉心指导，合作社"不知道怎么记账"、"不知道怎么填写支票"、财务管理制度欠缺、财务审批流程缺失等问题得到有效解决。278家合作社全部建立财务制度，并明确财务人员，规范账本，建立收支明细账。

金融服务方面，农信社先锋队为合作社提供"更上心"的金融服务，有针对性地为合作社"开小灶"。先锋队为合作社提供资金代发服务，大大节省了合作社发放工资、分红等的时间，也为合作社提供了更清晰、更明确、更有力的财务凭证，同时，畅通融资渠道，根据不同需求，提供"农户小额信用贷款"、"深扶贷"、"复工战役贷"、"易居贷"和"决胜脱贫贷"等信贷产品。先锋队把金融夜校、助农脱贫流动服务、信合村村通等搬到合作社，为合作社提供零距离服务，专门为合作社讲解政策方针、金融知识、产业技术等，手把手教社员使用手机银行、网上银行、黔农e贷、网上购物、网上开店等技能，不断提升社员素质，促进产业发展。自开展"三社联建"以来，信用社累计代发各类资金2222.3万元，发放贷款5109.24万元。在产销方面，指导员借助"贵州农信黔农云"平台，帮助合作社有资质的农产品上架到平台上，如两汪乡白茶、菜籽油等商品上架到平台，有效拓宽产品销售渠道，提升产品知名度。同时，在政府的引导下，产销对接富有成效，特别是为落实省委、省政府"冲刺90天，打赢歼灭战"的工作要求，助推"9+3"农产品上市销售，帮助全省各地打通农产品销售渠道，助力脱贫攻坚。

在完成全面脱贫和持续巩固拓展脱贫攻坚成果与乡村振兴有效衔接的实践中，为进一步聚焦合作社规范发展，创新工作机制，积极组织引导集体经济主体互动、互补、互建，建立新型农村集体经济组织生产关系，榕江县又巧借供销社改革之机，探索实施信用社、供销社、合作社三社互联互动，把"社社联建"模式更新升级为"三社联建"，进一步着力解决合作社农资采购成本高、销售渠道狭窄等问题。县供销社根据自身职能职责，设立农资指导员及销售指导员，与信用社产业指导员、财务指导员密切联系、紧密配合，为合作社做好五项服务：一是当好合作社基本情况的调查员；二是当好合作社统计需求的统计员；三是当好合作社农用物资的配送员；四是当好合作社农产品的销售员；五是当好合作社生产经营的服务员。信用社、合作社为各专业合作社的产品销售搭建销售平台，优先推荐使用"贵州农信黔农云"平台，重点围绕全县"6+3"主打产业农产品的销售积极寻找销售渠道，确保销售顺畅。截至2021年4月27日，供销社共与227家合作社对接。227家合作社均加入各片区农产品销售发布群，42家合作社有农资需求。供销社完成肥料供应2267.06吨，上年同期完成肥料供应870吨，同比增长160.58%；农产品交易额约400万元，上年同期交易额174万元，交易额同比增长129.89%。同时，供销社帮助合作社减少农资采购资金46万余元，节省约10%的农资采购成本。供销社发布销售信息45条，通过销售信息帮助合作社销售蔬菜15吨，鸡2600羽，板蓝根苗1100万株，实现交易额105.8万余元。

三 案例总结

自《农民专业合作社法》颁布实施以来，我国农民合作社迅猛发展，在推进农业发展（尤其是促进规模经营）、带动农民增收、保障新农村建设等方面发挥了重要作用，已成为新型农业经营体系的中流砥柱，成为实现农业社会化服务、一二三产业融合、集体产权制度改革以及农村社会管理的有效载体和抓手。同时也要看到，我国农民专业合作社发展不仅处于工业化、城镇化、市场化的复合现代化进程中，而且深深地嵌入我国社会经济结构的多重现实约束中，因而依然处于发展初期阶段，存在一系列现实问题，需要进一步加大引导、扶持和规制力度。① 2020 年，作为滇桂黔石漠化片区深度贫困县、国家扶贫开发重点县和全国 52 个挂牌督战的深度贫困县之一的榕江县，在决战决胜脱贫攻坚的收官之年，深入践行农村产业革命"八要素"，创新实施"社社联建"，并升级到"三社联建"，整合了合作社、信用社和供销社"三社"资源，实现了资源的高效利用和富集，合作社在产业指导员、财务指导员、销售指导员和农资指导员的帮扶下，通过产业选择、财务记账、农资的供应和产品的销售，打通了产供销的所有链条，激发了生产活力，深化了生产、供销、信用"三位一体"综合合作。

虽然榕江县"社社联建"项目的实施，冲破了农村生产力微观单元间的壁垒，加强了农村经济发展基本单元之间的合作，但项目内各个合作社仍存在产权关系不明晰、内部管理制度不完善、资金供给不足、缺乏风险保障机制、产业发展盲目、经营收益不高和示范社打造工作相对滞后等问题。项目实施过程中，存在以下几个问题。一是人力资源不足。"三社联建"工作实质上是一项系统工程，需要投入大量人力。目前，惠农合作社工作人员中还有兼职人员，且年龄偏大，在工作开展过程中惠农合作社明显感觉人力资源不足。二是资金不足。在开展"三社联建"工作中，大走访、业务培训、规范化建设、标识标牌展板制作、示范社打造等都需要较多的资金，合作社难以挤出资金来支付相关费用，从而对工作的顺利开展造成一定影响。三是合作社发展动力不

---

① 徐旭初、吴彬：《〈农民专业合作社法〉的规范化效应检视》，《东岳论丛》2017 年第 38 卷第 1 期，第 78～81。

足。合作社大都缺乏发展动力和活力，不同程度地存在"等、靠、要"思想，"望天水"式的发展思维仍然突出，没有很好地主动配合做好相关摸底调查、产业选择、资金筹措等工作，而是坐等各级各部门的无偿支持。因此，下一步我们应该坚持"三社联建"原则，即坚持"公益服务、市场导向、示范引领"原则，加强工作调度，依托县供销社兴农公司、社有资本投资公司两个社有企业做好农资配送以及农产品销售等服务工作。一是强化资金保障。积极争取并整合各项专项资金以强化资金保障。对在农资保供、产品销售中发挥积极作用的给予适当的补助和奖励，通过开放办社引导社会资本进入服务平台，助推"两员"作用的发挥，不断提高服务质量和水平，助农增收。二是强化物资保障。县供销社兴农公司为全县提供农资储备保障，确保合作社买到"质量优、价格廉、服务好"的放心农资；供销社通过基层区域服务平台，收集和发布相关农资信息，切实当好"农资指导员"，并最大限度地将农资送达生产基地，为合作社提供高质量的服务。三是强化销售指导。围绕各合作社发展的产业，积极对接省内外市场，有针对性地为各合作社提供产品销售渠道信息及价格信息等服务。同时，结合各合作社的特点，引导合作社走订单种养殖模式，实现以销订产，为农产品销售提供保障。为"三社联建"提供良好内外部环境，助推榕江县巩固脱贫成果与乡村振兴有效衔接。

榕江县自"三社联建"工作启动以来，引导县域内农民专业合作社良性互动，形成可推广、可借鉴的"三社联建"榕江模式，推动合作社发展由数量扩张向全面质量提升转变，虽然时间较短，有一定的困难和问题，但方向值得肯定，未来效果可期。

第四章

媒体篇 | 媒体中的"三社联建"

关于"社社联建"的媒体报道可谓数不胜数，考虑到本书为著作性质，收录媒体报道需在"著"与"编"之间合理平衡，需要考虑收录稿件与研究内容的"切合度"和"代表性"，也需要取得作者"授权许可"。因此，在媒体篇中只收录了榕江县委理论专班、时任榕江县理论专班副班长、贵州日报（天眼新闻）记者席忞禾同志，以及贵州日报驻黔东南州记者站团队的报道性新闻稿件。其他媒体报道请读者自行查阅。

第一节　多数合作社成"鸡肋""两大员"
破解"两大难"

——贵州榕江农信社与合作社"社社联建"调查

时间：2020 年 8 月

媒体：新华通讯社

记者：王新民　潘德鑫

内容：

农民专业合作社发展事关脱贫攻坚质量。目前全国九成以上贫困村有了合作社，但不少合作社产业发展思路不明确、财务管理不规范等问题突出，"空壳社""僵尸社"较多。对此，贵州省榕江县探索农信社与合作社"社社共建"，农信社为合作社配备产业指导员和财务指导员，合作社为农信社提供发展支撑，双方不仅互利共赢，还在当地农村金融领域形成"鲶鱼效应"。

产业与账目两不清问题突出

"从全国范围看，目前，合作社思路不清、经营混乱的问题比较普遍。"贵州大学公共管理学院教授汪磊认为，近年来，在脱贫攻坚政策扶持及农村产业发展需求双重驱动下，合作社如雨后春笋，但也存在"重数量、轻质量，重发展、轻规范，重项目安排、轻运作指导"等问题。

"产业不明、账目不清是核心问题。"榕江县扶贫办副主任石仕玺介绍，全县合作社681家中运行正常的278家，而有一定规模且运营良好的只有23家。不少合作社对于如何选择产业、产品如何销售等多依靠经验或政府扶持，而且财务管理混乱。

一是过手不过账，引发社员猜忌内讧。榕江县忠诚镇盘踅村蛋鸡养殖农民专业合作社成立不到两年，就差点因70万元卖蛋钱不翼而飞散伙。原来，合作社没有固定出纳，谁卖鸡蛋谁收钱，收款凭证也不齐全，70万元进了个别股东腰包。

二是记账不算账，经营不善盈亏不清。受新冠肺炎疫情影响，平江镇一养兔合作社500只兔子推迟两个月出栏，价格没变，最后不赚反亏，成了糊涂账。农信社信贷员对其收支账进行分析发现症结：1只兔子每天饲料费0.5元，过了前3个月的生长期就应出栏，继续喂养兔子会"光吃不长肉"，相当于500只兔子每月空耗7500元饲料钱。

三是骗贷骗补再"自杀"，扶贫资金打水漂。榕江县农信社副主任赵光旭介绍，有些人成立合作社是为了骗取政府补贴和贷款，贷款、补贴骗到手后，他们不是想着怎么发展产业，而是怎么"自杀"跑路。

"社社联建"两大员破解两大难

记者采访了解到，今年以来，榕江县实施"社社联建"，引导农信社和合作社互助共建，共同发展。一方面，发挥农信社信贷员遍布乡村、市场信息灵敏且具备财务管理能力等优势，为合作社配备"产业指导员"和"财务指导员"，定期上门服务。另一方面，发展进入良性轨道的合作社为农信社发展提供支撑。

榕江县农信社理事长涂畅介绍，产业指导员除了宣讲产业政策、帮助销售产品外，还把合作社种养规模、经营收入等情况建立台账，分析成本收益、潜在风险等，形成产业分析报告，为合作社发展提供参考。财务指导员聚焦合作社不会记账、财务制度不健全等问题，一对一指导，帮助合作社养成记账算账的习惯，使产权关系更清晰、支出收益更明白、利益联结更有效。

"信心又回来了。"近日，古州镇高文村惠农合作社监事长黎昌林终于缓了一口气。村里过去的主打产业香葱受天气、疫情等冲击已连续3年亏损，加上亏进去的钱账目不清，村民意见大。在两大员的指导下，今年合作社用百香果替代香葱，效果不错。还建立了完整的"会计凭证档案"和"财务收支明细账簿"，每笔开支一清二楚。

"'社社联建'就是让合作社'产业科学、信用优良、运转健康'。"榕江县委副书记肖智勇介绍，两大员已覆盖全县278个正常运转的合作社，规范运行的合作社可享受贷款优先等服务。

互助共赢还形成"鲶鱼效应"

记者采访发现，"社社联建"不仅让合作社运营更规范，双方良性互动还产生"鲶鱼效应"，进一步激活农村金融微循环。

一是合作社"资金有约束，盈亏看得见"。"今年合作社产值和销售额同比分别增长137.34%和52.63%。"肖智勇说，合作社对"哪些产业效益更好、哪些环节成本高、哪些成本可节省"有了更清楚、直观的认识，收支可追溯，谁都动不了歪脑经。

二是农信社"支农"能力提升，不良率不升反降。疫情叠加经济下行压力之下，今年榕江县多数银行不良率攀升。但截至9月底，榕江县农信社获得合作社存款 3220 万余元、发放产业贷款 4824 万余元，同比分别增长 81.09% 和 44.64%，不良率较年初下降 0.2 个百分点。

"先'知农'再'支农'。"涂畅认为，"社社联建"让信贷员深入农村，对合作社运营状况、金融需求的把握更精准，农信社的服务和产品也更加切合实际。

三是形成"鲶鱼效应"，激活农村金融微循环。今年县农信社已新增合作社对公账户 35 家，这引起其他金融机构的关注和反思。汪磊认为，"社社联建"让两支"农字号"经济单元碰撞出了"火花"，其引发的"鲶鱼效应"已开始显现，并将倒逼其他金融机构转变观念、转变作风，推动更多金融服务下沉到农村、服务"三农"。

第二节　"社社联建"：一把激活农村产业 发展的"金钥匙"

时间：2020 年 5 月 16 日

媒体："天眼新闻"

记者：席忞禾

内容：

由于不知道发展什么产业、不知道怎么记账，榕江县水尾乡好几家合作社一度经营失败，股东面临散伙。因账目对不上，榕江县忠诚镇盘踅村高寅弄蛋鸡养殖农民专业合作社 6 个股东曾连续吵了一个星期的架也没有结果，合作社差一点就解散了。榕江县有 600 多家合作社，长期以来，社员受教育程度普遍不高、管理不规范、专业化水平不高等问题，导致近半数合作社难以为继、名存实亡。在决战决胜脱贫攻坚的最后冲刺阶段，作为全省 9 个深度贫困县之一，榕江县在深入践行产业革命"八要素"的过程中，创新实施"社社联建"，为合作社搬来了救星。"'社社联建'，即农民专业合作社与农村信用社根据各自的特点，扬长补短、对症施策，发挥农村信用社工作人员知识层次相对较高、网点遍布乡村的优势，当农民专业合作社的产业指导员和财务指导员，同时收蓄资金，实现二者的良性互动。"榕江县委副书记、县"社社联建"工作领导小组常务副组长肖智勇告诉记者，自今年3月28日启动"社社联建"试点以来，曾经困扰合作社产业发展的难题逐步得到破解。

5月13日，记者实地探访了水尾乡和忠诚镇几家一度"濒危"的合作社。水尾乡地处月亮山自然保护区，森林覆盖率达90.9%，约有2万亩野生草珊瑚，由于森林禁止采伐，发展林下经济是首选。在产业指导员的帮助下，几个村的合作社都发展起了草珊瑚林下种植产业。在上下午村，每天都有两三百人在草珊瑚园区做林地清理、栽苗定植等工作。受疫情影响，水尾乡拉术村24岁村民潘明中今年无法外出打工，如今在家门口实现就业，每天收入有120元。"以草珊瑚为原料的相关药品对肺炎具有治疗效果。疫情防控期间，草珊瑚收购市场出现供不应求现象，收购价从每公斤1.4元涨到了每公斤5.4元。"榕江县林业局草珊瑚产业办公室石敏告诉记者。目前，贵州威门药业、广药集团、江中制药等已和榕江县达成合作协议，按照"国有公司＋龙头企业＋合作社＋贫困户"的发展模式，形成集种植、生产、加工、销售于一体的产业链，实现生产效益最大化，确保参与农户尤其是贫困户稳定增收。

从几乎解散，到做大做强——覆盖带动贫困户48户194人脱贫致富增收，忠诚镇盘尧村高寅弄蛋鸡养殖农民专业合作社也迎来"重生"。"蛋鸡每天喝的是山泉水，吃的是纯粮食，出产的红心蛋供不应求，目前每天产蛋量10800多个，我们正在规划建设新的大棚，下一步还要扩大规模，引进新的自动化设备！"合作社理事长薛佩恒信心满满。曾经的高寅弄蛋鸡养殖农民专业合作社，6个股东，文凭最高的2个也仅是初中文化水平，股东间矛盾频发。如今，在财务指导员杨雪的培训和指导下，合作社账目焕然一新，进出数据一目了然，几位股东学习的热情也被点燃了。"我们还有很多知识不懂，欢迎信用社的同志抽时间多到合作社进行指导，帮助我们把合作社管理得更好。"合作社会计龙杰说。采访中，有的财务指导员同时也身兼产业指导员，而做财务出身的他们，如何能把产业选好选对？"信用社严格选派的产业指导员和财务指导员，都是能够及时掌握市场信息，具备项目审查能力的人员。同时，我们还围绕脱贫攻坚、三农工作、产业革命等内容编制系列教材，以榕江确定的'果、蔬、药、菌、猪、鸡'六大主打产业，因地制宜帮助合作社做好产业选择。"榕江县农村信用合作联社副主任赵光旭说。赵光旭介绍，在"社社联建"实施的第二阶段，信用社还为合作社提供优质结算服务和融资绿色通道，明确"特惠贷"、"深扶贷"以及"摇钱树"系列信贷产品，对合作社产业发展给予贷款支持。"截至目前，我们已为115户合作社及法定代表人发放贷款1017.3万元，预计每年可为全县合作社节约500万元以上融资成本。"榕江县国良胡蜂养殖农民专业合作社自成立以来，先后累计获得八开镇信用社155万元扶贫再贷款支持。合作社负责人韦国良说："预计每年可以培育10万只以上优质蜂王，5000巢初级蜂群，并带动周边300户以上养殖胡蜂，通过深加工与包装形成统一品牌，实现产值上百万元。"

按照《榕江县"社社（行）联建"第二阶段工作实施方案》，下一步，"社社联建"模式将在榕江261个村全面推广，同时整合其他银行的力量，实现"社社（行）联建"。贵州大学教授黄剑分析认为，"社社（行）联建"的意义在于打破了农村生产力微观单元间的壁垒，具有裂变效应。合作社产业选择好了，账记好了，发展壮大了，就能带动更多群众就业增收，龙头公司也愿意合作，产业可持续发展的动能也强了。它的操作模式较之小岗村包产到户稍微复杂，但给了激发基层活力的一把"金钥匙"。后续"版本"的实践，甚至还可以延伸出金融指导、产销对接、基层党建等内容，让合作社实现产业科学、运转健康、信用优良。"社社（行）联建"进一步解放了农村生产力，还可以精彩接续乡村振兴，值得推广。

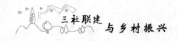

第三节　"合作社＋农信社"建产业发展共同体　榕江 "社社联建"显裂变效应

时间：2020 年 5 月 17 日

媒体：《贵州日报》

记者：席忞禾

内容：

因账目对不上，榕江县忠诚镇盘踅村高寅弄蛋鸡养殖农民专业合作社 6 名股东曾连续争吵了一个星期，合作社还差点散伙。

榕江县有 600 多家合作社，长期以来，社员文化程度普遍不高、管理不规范、专业化水平不高等问题，导致近半数合作社难以为继、名存实亡。

在决战决胜脱贫攻坚的最后冲刺阶段，作为全省 9 个深度贫困县之一，榕江县在深入践行产业革命"八要素"的过程中，创新实施"社社联建"，助推当地农民专业合作社健康稳定发展。

"'社社联建'，即农民专业合作社与农村信用社根据各自的特点，扬长补短、对症施策，发挥农村信用社工作人员专业知识优势，当好农民专业合作社的产业指导员和财务指导员，同时收蓄资金，实现双方互利共赢。"榕江县委副书记、县"社社联建"工作领导小组常务副组长肖智勇说道。自 2020 年 3 月 28 日榕江启动"社社联建"试点以来，曾经困扰合作社产业发展的难题逐步得到解决。

2020 年 5 月 13 日，记者探访了水尾乡和忠诚镇几家曾一度"濒危"的合作社。水尾乡地处月亮山自然保护区，2 万亩野生草珊瑚生长在茂密的森林里，在信用社产业指导员的帮助下，水尾乡几个村的合作社都发展起草珊瑚林下种植产业。

在上下午村，每天都有两三百人在草珊瑚园区做林地清理、栽苗定植等工作。"以草珊瑚为原料的相关药品对肺炎具有治疗效果。疫情防控期间，草珊瑚收购市场出现供不应求现象，收购价从每公斤1.4元涨到了每公斤5.4元。"榕江县林业局草珊瑚产业办公室技术人员石敏告诉记者。截至2020年5月，贵州威门药业、广药集团、江中制药等已和榕江县达成合作协议，按照"国有公司＋龙头企业＋合作社＋贫困户"的发展模式，形成集种植、生产、加工、销售于一体的产业链，实现生产效益最大化，确保参与农户尤其是贫困户稳定增收。

从几乎解散到做大做强，覆盖带动贫困户48户194人脱贫致富增收，忠诚镇盘整村高寅弄蛋鸡养殖农民专业合作社也迎来了"重生"。

走进高寅弄蛋鸡养殖农民专业合作社，1.26万羽蛋鸡正在圈栏内啄食，务工人员拿着蛋托捡装鸡蛋，一件一件送往仓库。

"我们的红心蛋供不应求，目前每天产蛋量超过1万枚，我们正在规划建设新的大棚，下一步还要扩大规模，引进新的自动化设备！"合作社理事长薛佩恒信心满满。

曾经的高寅弄蛋鸡养殖农民专业合作社，6名股东文化水平都不高，财会知识几乎为零，财务矛盾频发。如今，在榕江县忠诚镇信用社财务指导员杨雪的培训和指导下，合作社账目焕然一新，进出数据清清楚楚、一目了然。

"我们还有很多知识不懂，欢迎信用社的同志抽时间多到合作社进行指导，帮助我们把合作社管理得更好。"合作社成员龙杰说。

采访中，有的财务指导员同时也身兼产业指导员，而做财务出身的他们，如何能把产业选好选对？

"信用社严格选派的产业指导员和财务指导员，都是能够及时掌握市场信息，具备项目审查能力的人员。同时根据我省脱贫攻坚、三农工作、产业革命等内容编制系列教材，并围绕榕江确定的'果、蔬、药、菌、猪、鸡'六大主打产业，因地制宜帮助合作社做好产业选择。"榕江县农村信用合作联社副主任赵光旭说。

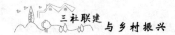

赵光旭介绍，在"社社联建"实施的第二阶段，信用社还为合作社提供优质的结算服务和融资绿色通道，明确"特惠贷"、"深扶贷"以及"摇钱树"系列信贷产品，对合作社产业发展给予贷款支持。

"截至目前，我们已为 115 户合作社及法人代表发放贷款 1017.3 万元，预计每年可为全县合作社节约 500 万元以上融资成本。"

榕江县国良胡蜂养殖农民专业合作社自成立以来，先后累计获得八开镇信用社 155 万元扶贫再贷款支持。合作社负责人韦国良说："预计每年可以培育 10 万只以上优质蜂王，5000 巢初级蜂群，并带动周边 300 户以上养殖胡蜂，通过深加工与包装形成统一品牌，实现产值上百万元。"

按照《榕江县"社社（行）联建"第二阶段工作实施方案》，下一步，"社社联建"模式将在榕江 261 个村全面推广，同时整合其他银行的力量，实现"社社（行）联建"。

贵州大学教授黄剑认为，"社社联建"的意义在于打破了农村生产力微观单元间的壁垒，具有裂变效应。合作社产业选择好了，账记好了，发展壮大了，就能带动更多群众就业增收，龙头公司也愿意合作，产业可持续发展的动能也更强了。

第四节　榕江县合作社与信用社"联姻"碰出新火花
阳光合作社走上"阳光大道"

时间：2020 年 7 月 19 日

媒体：《贵州日报》

记者：熊诚　陈丹　李卓檬

内容：

盛夏，榕江县阳光女子蔬菜种植农民专业合作社蔬菜基地进入了收获季，合作社负责人杨求仙每天天不亮就到了基地，和社员们一起采摘新鲜蔬菜。

"我们自己的产业，干起来都有劲。"把额头的汗水一抹，杨求仙又弯腰干活了。

榕江县阳光女子蔬菜种植农民专业合作社是由古州镇月寨村五组和七组 56 名留守妇女组建成立的村集体合作社，依托车江万亩坝区资源，集中连片发展产业。

2017 年合作社成立之初，大家一腔热血，想得很简单："我们觉得只要选好产业，种出来后能卖掉就行。"

然而，合作社实际运转起来后，大家才发现，并不是那么简单。"财务管理、占股分红、贷款等一堆问题都来了，真是伤脑筋。"谈及发展中遇到的一道道难题，杨求仙眉头紧锁。

阳光女子蔬菜种植农民专业合作社遇到的难题并非个例，榕江县其他合作社在发展中或多或少都曾遭遇。

"我们从小在农村长大，没多少文化，这些账目根本不会规范记录，弄成了糊涂账。"榕江县富强种养殖专业合作社经理杨华感慨地说。

据相关部门调查发现，长期以来，榕江合作社存在产业不明、账目不清、资金不足、人才匮乏、谋划欠缺、动力不足；思想落后、信息闭塞、认识不深、文化水平偏低、管理松散、能力不足等问题，一定程度上造成了"自由、散漫、无序、将就"的经营乱象。数据显示，榕江 681 家合作社中正常运营的只有 342 家。

为改变困境，榕江县围绕按时高质量打赢脱贫攻坚战，认真落实农村产业革命"八要素"，按照"五步工作法"，创新实施"社社（行）联建"，打通农村生产力微观单元壁垒，提升农民专业合作社发展质量，带动农村产业发展，促进农村信用合作社收蓄资金，实现二者良性互动，为持续稳定脱贫、实现乡村振兴探索一条新路。

今年 2 月，榕江县正式启动"社社（行）联建"工作，对"产业指导员"和"财务指导员"进行系统培训，让"两员"指导和帮助合作社选择产业发展、建立财务制度、规范收支记账，促进合作社"产

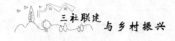

业科学、信用优良、运转健康"可持续发展。

"产业指导员"帮助合作社解决了"不知道发展什么产业"的问题。自开展"社社（行）联建"以来，在"产业指导员"的帮助下，榕江县74.26%的合作社投身县六大主导产业发展，有效带动当地农户就业累计2249人次、实现增收2196.76万元，解决贫困户1311人就业，帮助增收1151.6万元。

"财务指导员"指导帮助合作社有效解决"不知道怎么记账""不知怎么填写支票"等问题。截至2020年7月7日，榕江已有278家合作社明确了财务人员、建立了财务制度、规范了账本和资金记账。

与此同时，榕江县信用社为合作社畅通融资渠道，根据不同需求，提供"深扶贷""复工战役贷""易居贷""决胜脱贫贷"等信贷产品，82家合作社获得以上产品贷款，累计金额达4881.98万元。

在信用社"产业指导员"和"财务指导员"的帮助下，榕江县阳光女子蔬菜种植农民专业合作社走上了健康有序发展的"阳光大道"。合作社社员已发展到65户261人（其中建档立卡贫困户17户68人），每户每月可实现3700元的纯收入，并带动了坝区附近易地扶贫搬迁安置小区8名搬迁群众常年在合作社基地务工。

"多亏了联建，现在看着合作社发展起来了，我们自己干着也有信心了，心踏实多了，等明年春天准备再扩大些种植面积。"杨求仙信心满满地说。

第五节　榕江县积极探索"社社联建"助推农村产业发展

时间：2020年9月29日
媒体：《贵州改革》
作者：榕江县委理论专班

内容：

2020 年以来，榕江县围绕按时高质量打赢脱贫攻坚战，聚焦农民专业合作社规范提升，发挥党委、政府保障作用，引导农村信用联合社（农村商业银行）参与互助共建，创新"社社（行）联建"机制，打破微观经济单元壁垒，推动要素有效流动，助推农村产业发展。截至 6 月底，全县 278 家合作社实现产值 6112.30 万元，销售额达 1053.88 万元，同比分别增长 137.34% 和 52.63%，带动贫困户 14927 户 61836 人发展增收；信用社获得合作社存款 3224.04 万元，发放产业贷款 4824.31 万元，同比分别增长 81.09% 和 44.64%。

（1）引导社社合作建

找准两支"农字号"经济单元"共需"基础，创建合作新模式。一是全面摸清合作社底数。以问题导向建立联建台账，对登记注册的农民专业合作社进行全面摸底，针对产业分类、发展规模、所在地区、社员构成、经营状况、存在困难等方面进行深入排查，准确掌握各类合作社发展现状，全县正常运营的合作社 278 家，社员都是农民，文化水平偏低、不懂记账、市场信息闭塞，导致合作社普遍存在产业选择盲目、账簿登记不清、财务管理不规范等诸多突出问题，亟须整改规范提升。二是全网用好农信社优势。农信社围绕农村金融便捷服务，在全县设固定营业网点 22 个，"助农脱贫流动服务站" 16 个，离行式自助银行 7 个，"信合村村通" 269 台，服务网点覆盖 261 个行政村，派出 48 名信贷业务员长期活跃在乡村一线从事金融服务。引导农信社把合作社作为重点服务对象，充分发挥信贷业务员遍布乡村、长期服务农村一线、文化水平较高、市场信息灵敏、财务管理专业等多重优势，上门指导服务合作社生产经营，着力解决合作社发展难题。三是全力实现双社良性互动。坚持"服务为先、效益并重"原则，引导农信社开展公益服务，明确信贷业务员为合作社产业指导员和财务指导员，在定期上门专业指导，帮助合作社发展提升的同时，开展存贷款业务，吸纳合作社存款，

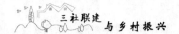

拓展农村市场,实现双社良性互动、联建共赢发展。截至 2020 年 6 月,全县 278 家合作社与农信社形成紧密共建关系,农信社新增合作社对公账户 35 家。

(2)聚焦难点发力建

聚焦农民专业合作社"产业选择不科学"和"财务管理不规范"两大核心难题精准发力,着力破解制约合作社发展运营瓶颈。一是精心开展全员培训。将各级产业政策梳理提炼汇编,以通俗易懂的语言讲清产业选择依据、发展形势、经营管理、财务管理等内容,科学编印《榕江县"社社(行)联建"产业指导员、财务指导员培训教材》1000份,精心开展以会代训、集中培训、指导员"一对一"培训 662 次,实现乡镇相关干部、信用社"两员"和合作社社员培训全覆盖,有效提高合作社经营水平。二是精准指导产业选择。产业指导员结合相关政策,在分析发展形势和市场供需信息基础上,科学指导合作社因地制宜选择产业和品种,推动产业结构优化。全县 154 家合作社围绕"果、蔬、药、菌、猪、鸡"六大产业布局选定产业发展,占比为 55.4%,实现百香果种植 3853 亩、蔬菜种植 652 亩、中药材种植 19855 亩、食用菌种植 251 万棒、生猪养殖 13065 头、生态家禽养殖 10.2 万羽,发展种养产业基地 291 个,为全县产业规模化发展提供有力支撑。三是精诚提供金融服务。财务指导员聚焦合作社"不会记账"、"不懂填写支票"、财务管理制度不健全、财务审批流程不优等问题,坚持"从易到难、由帮到带"开展"一对一"指导,帮助 278 家合作社全部完善财务制度,养成记账算账的好习惯,使合作社产权关系更清晰、支出收益更明白、利益联结更清楚、产业经营更健康。同时,农信社为联建合作社提供金融援手,115 家合作社通过"深扶贷""复工战役贷""易居贷""决胜脱贫贷"等信贷产品,获得产业贷款 4824.31 万元。

(3)试点引路先行建

突出顶层制度设计,科学架构组织体系、分步骤推进联建工作落实落细。一是阶段推进。按照"试点→全覆盖→巩固提升"三个阶段，环环紧扣推进实施。下发《榕江县"社社联建"（试点）实施方案》，依据不同类型合作社特点，选取 100 个最具代表性的合作社作为试点进行第一阶段探索；出台《榕江县"社社（行）联建"第二阶段工作实施方案》，明确"产业科学、信用优良、运转健康"目标，全县运转正常的 278 个合作社开展"社社（行）联建"；在系统总结前两个阶段工作的基础上，拟定《榕江县"社社（行）联建"巩固提升工作实施意见》，抓成效巩固和全面提升。二是模式推广。拟定《榕江县"社社（行）联建"合作协议》，按照"乡镇协调、农信社服务、合作社参与"模式开展联建，将联建的基本内容和工作责任细化，明确乡镇、合作社、信用社三方权责利关系，组织 19 个乡镇人民政府、278 个农民专业合作社、22 个农信社网点共同签订联建协议，"社社（行）联建"模式在全县推广实施。三是考核推动。出台《榕江县联社"社社（行）联建"考核实施方案》，从县财政、县信用社各拨出 100 万元整合用于工作经费和考核奖励，把各片区产业和财务指导员、参与联建的合作社、各乡镇人民政府作为考核对象，按照三方协议中明确的工作任务、工作责任、完成情况进行细化量化，严格考核奖惩。将"社社（行）联建"工作纳入县委、县政府重点工作和脱贫攻坚督查考核范围，动态建立"社社（行）联建"工作台账，坚持"每日一调度、三天一研判、一周一小结、一月一推进"，确保工作抓紧抓细抓实。

（4）典型示范带动建

按照"示范引领，整体提升"原则，打造"社社（行）联建"样板社，推出可借鉴、可推广的农民合作社规范提升模式。一是分类选定示范主体。由县"社社（行）联建"工作领导小组负责，对合作社自荐、乡镇推荐、信用社指导员引荐的示范社进行综合考量，按照问题类型、产业类别、规模大小、地域分布等因素，首批遴选确定 20 家合作社作为示范社创建，通过提供规范财务、产业指导、贷款优先、融资便捷、品牌打造、动态管理等相关服务，树立各类合作社规范化提升典型样板。二是分批组织集中观摩。组织规模相当、产业相同、问题相近、地域相邻的合作社负责人分批到相应类型示范社现场观摩学习，让指导员和合作社负责人既直观感受联建效果又通过交流学习掌握工作方式方法。截至 2020 年 6 月，累计举办各级各类观摩活动 14 次，63 家合作社负责人经营管理能力得到持续提升。三是分级开展精准指导。根据合作社产业选择类型、类别、经营范围、经营情况、销售渠道、市场行情、发展质量等情况，分别对 278 家正常经营的合作社进行产业分析，完成"一社一报告"。对照联建成效，按照 A 级为有一定规模且运营良好的、B 级为发展潜力较好的、C 级为有发展潜力的三个类别，评定 A 级 23 家，B 级 46 家，C 级 209 家，实行分级指导帮扶，确保联建全覆盖、措施更精准、帮扶更有效。

（5）确保效果保障

注重关键要素保障，建立健全工作机制，确保工作推进有力有序。一是强化组织保障。构建纵横贯通的联动工作体系，成立由县四大班子主要领导任组长，县直有关工作部门和各乡镇党委主要负责同志为成员的工作领导小组，明确 19 个乡镇"一把手"负责本乡镇"社社（行）联建"工作，纵向抓到底；成立综合协调、工作推进和理论研究 3 个专班，将农业、财政、林业、金融、扶贫、宣传等 12 个部门纳入专班，横向到边整合资源，形成一体指挥、分兵部署、体系联动工作格局。二是强化人才保障。争取省信用联社支持，从黔东南周边县市信用社（农商行）抽调 52 名精干业务员投入第二阶段联建工作。结合农信社网点分布情况，将全县 19 个乡镇划分为 6 大战区，明确农信社主任为战区指挥长，整合 17 名农信社指导员、19 名乡镇联络员队伍力量，保障专业人员到位。同时，从贵州大学经济学院、贵州日报社、黔东南州委党校、凯里学院协调 5 位同志充实理论专班力量。三是强化理论保障。坚持理论与实践相结合，注重理论先行，边探索边总结边指导，着力提升工作科学化水平。充分发挥理论专班作用，系统收集整理农业农村相关重要政策内容，精心编制《榕江县"社社（行）联建"工作学习手册》，把握正确政策方向；召开21次专题研讨会，邀请贵州大学经济学院、中国经济时报社等开展4次专题调研，形成《"社社联建"激活农村贫困地区生产力——榕江经验》等理论文章4篇，为"社社（行）联建"发展提供重要科学理论支撑。

第六节　喜讯！黔东南农信4个案例获评"2020年中国金融扶贫及创新优秀案例"

时间：2020年11月21日

媒体："天眼新闻"

记者：吴兴芝

内容：

2020年11月21日，第十二届中国经济前瞻论坛·金融扶贫及创新峰会在国家会议中心举行。国务院发展研究中心副主任、党组成员（正部长级）王安顺，全国政协常委、人口资源环境委员会主任李伟，国务院发展研究中心党组成员余斌，中国扶贫基金会理事长郑文凯，农业农村部农村经济研究中心主任金文成，以及中国银保监会普惠金融部等相关负责人出席会议。

会上传来喜讯：从江农商银行提交的《助农医站提升普惠金融服务质效》，榕江联社提交的《"社社（行）联建"助力脱贫探索》，雷山联社提交的《金融纠纷诉前调解机制助力脱贫攻坚》和剑河农商银行提交的《打造"快银行"助力脱贫攻坚》入编《2020年中国金融扶贫及创新年鉴》，并获评"2020年中国金融扶贫及创新优秀案例"。

自脱贫攻坚战打响以来，贵州省联社驻黔东南州党工委把脱贫攻坚作为头等大事和第一民生工程来抓，精心指导辖内16家行/社不断创新金融产品和服务模式，提升金融服务质效，助力脱贫攻坚。在贵州省联社驻黔东南州党工委的精心指导下，从江农商银行与从江县卫生健康局联合打造了"助农医站"综合业务平台，用金融力量助力消除农村医疗卫生室金融服务空白，改善农村医疗环境，让大山里的老百姓顺利就医的同时，享受到便捷的金融服务；榕江联社创新金融服务模式，率先推出"社社（行）联建"，使合作社经营管理走向规范化、标准化，为脱贫攻坚和农业农村发展提供有力支撑，为乡村振兴战略的实施奠定基础；雷山联社探索建立"不良贷款诉前调解室"，推动了"雷山县人民法院金融纠纷调解室"的成立，形成了"全县金融纠纷一站式纠纷解决和一站式诉讼服务"机制，促进金融业持续健康发展，助力脱贫攻坚；剑河农商银行打造"四平台、一工程"，进一步优化业务流程，重塑服务模式，强化科技保障，将方便、灵活、快捷充分发挥到支农支小上。

决战决胜脱贫攻坚，黔东南农信创新不止步！脱贫摘帽不是终点，而是新生活、新奋斗的起点，黔东南农信将从服务经济社会发展全局着眼，紧紧围绕服务实体经济、防控金融风险、深化金融改革三大任务，全面提升服务水平和发展质量，为老百姓提供更优质的金融服务，提高大家的满意度和幸福感！

第五章

观点篇 ｜ 学术中的"三社联建"

第一节　"三社联建"促进农民专业合作社制度完善研究

一　问题的提出

20世纪70年代以后，制度变迁理论日趋成熟。制度在经济学中的含义主要是指一系列被制定出来的规则、服从程序和道德、伦理的行为规范。制度可以被视为一种公共产品，它是由个人或组织生产出来的，这就是制度的供给。由于人们的有限理性和资源的稀缺性，制度的供给是有限的、稀缺的。[①] 一件事物的发展涉及多个层面、多个方面的制度建设，构成了事物发展的制度环境。随着外界环境的变化和自身理性程度的提高，人们会不断地提出新的制度要求，以实现预期收益的增加。当制度的供给和需求基本均衡时，制度是稳定的；当现存的制度不能满足人们的实际需求时，就必然会发生制度变迁。制度变迁可以划分为诱致性制度变迁和强制性制度变迁。

我国农民专业合作社的产生与发展既有诱致性制度变迁的影响，也

---

① 卢现祥：《西方新制度经济学》，北京：中国发展出版社，1996，第12页。

有强制性制度变迁的推动，是诱致性制度变迁和强制性制度变迁共同影响的产物。[1] 我们可以看到，自《农民专业合作社法》实施以后，在农民专业合作社发展的初期，强制性制度变迁是其发展的主要动力。当农民专业合作社的发展进入良性轨道、农民合作思想逐渐得到普及、农民之间的合作具有可能性时，农民的合作愿望就得到加强，就会实现从"要我合作"到"我要合作"的跨越，从而越来越多的乡村精英和种养殖大户就开始发起合作社，越来越多的农民愿意联合起来成立合作社，诱致性制度变迁逐渐成为合作社发展的主流。

农民专业合作社是作为农业产业化的工具而诞生的，旨在加强农户之间的横向联合，节省生产经营成本，降低市场风险。[2] 一般而言，农业经济较为发达的东部地区对农业产业化的需求最为迫切，而农业经济欠发达的西部地区仍然是以小农经济为主，对农业产业化的需求并没有东部地区迫切。经历了几十年的发展，东部地区的农民专业合作社的发展主要是以诱致性制度变迁为主。西部地区的农民专业合作社的发展主要是受到地方政府的鼓励和支持，农民专业合作社发展表现出了"先解决有没有，再解决好不好"的特点，农民专业合作社在实际运行过程中面临许多困境。

贵州省榕江县地处欠发达地区，681家农民专业合作社中，正常运营的只有342家。在这些正常运营的合作社中，又存在很多需要解决的实际问题，影响到推动农村经济发展目标的实现。榕江县委、县政府正视本县农民专业合作社存在的问题，从2020年开始试图通过推动农村信用社、供销社与各农民专业合作社开展深度合作，来改善合作社发展的制度环境，逐步实现农民专业合作社的规范化运作，提高农民专业合作社的综合能力，进而推动乡村振兴战略更好实施。

---

① 李继志：《新型农民专业合作社：参与主体行为、组织制度与组织绩效》，长沙：湖南大学出版社，2017，第58页。
② 黄洁、鲁冰蕊、郭圆：《制度逻辑、制度矛盾与合作社的"公司化"》，《农业经济问题》2020年第1期，第86~93页。

二 农民专业合作社的组织制度

农民专业合作社是在农村家庭联产承包经营的基础上，同类农产品的生产经营者或农业生产经营服务的提供者、利用者，自愿联合、民主管理的互助型经济组织。农民专业合作社兼具互惠性、交换性的双重组织特征，对内它通过社员之间的互惠和交易将外部服务内部化，对外它是在市场交换中与谈判权力垄断者抗衡的重要力量，是引导农业从业者参与竞争并使其获得市场谈判能力的有效组织形式。[①] 培育和发展农民专业合作社是深化中国农村经营制度改革和现阶段提高农民组织化程度的重要途径。当前，我国农民专业合作社的成立和管理的相关制度设计是以《农民专业合作社法》为指导的。

2017 年的《农民专业合作社法》的第 12 条规定了农民专业合作社成立的条件，如有五名以上符合规定的成员申请，并且有符合章程规定的成员出资。其中，第 19 条对成员资格做了明确规定："具有民事行为能力的公民，以及从事与农民专业合作社业务直接有关的生产经营活动的企业、事业单位或者社会组织，能够利用农民专业合作社提供的服务，承认并遵守农民专业合作社章程，履行章程规定的入社手续的，可以成为农民专业合作社的成员。但是，具有管理公共事务职能的单位不得加入农民专业合作社。"第 20 条规定："农民专业合作社的成员中，农民至少应当占成员总数的百分之八十。成员总数二十人以下的，可以有一个企业、事业单位或者社会组织成员；成员总数超过二十人的，企业、事业单位和社会组织成员不得超过成员总数的百分之五。"

（一）合作社的权力机构

按照 2017 年的《农民专业合作社法》的相关规定，农民专业合作

[①] 崔宝玉：《农民专业合作社发展研究——资本控制、治理机制与政府规制》，合肥：中国科学技术大学出版社，2016，第 3 页。

社的权力机构是成员大会，由全体成员组成。农民专业合作社的成员大会拥有对理事会和监事会人员的选举权和罢免权，财产处置、对外投资及经营决策权，批准审核年度报告、盈亏方案权，以及对合作社的合并、分立、解散和清算做出决议等职权。合作社的理事会和监事会由成员大会选举产生，对成员大会负责，理事长为法人代表。农民专业合作社的理事长或者理事会可以根据成员大会的决定聘任经理、财务会计人员。理事长或者理事也可以兼任经理，经理根据章程规定和理事长或董事会授权负责农民专业合作社的具体的生产经营活动。理事会会议、监事会会议的表决实行一人一票制。

（二）合作社的财务管理

为规范农民专业合作社的会计工作，保护农民专业合作社及其成员的合法权益，财政部制定了《农民专业合作社财务会计制度（试行）》，并于 2008 年的 1 月 1 日开始实施。2022 年，财政部、农业农村部制定了《农民专业合作社财务制度》，将于 2023 年 1 月 1 日起实施。2017年的《农民专业合作社法》还规定合作社应该给每位成员设立账户，详细记录成员的出资额、量化该成员的公积金份额和成员与其所在社的交易量（额）。在财务审计方面，2017 年的《农民专业合作社法》明确，如果设立了执行监事或监事会，可以由执行监事或者监事会负责对本社的财务进行内部审计，也可以委托社会中介机构对本社的财务进行审计，审计结果应当向成员大会报告。

（三）合作社成员的退出管理

2017 年的《农民专业合作社法》规定，在一般情况下，农民专业合作社成员要求退出的，应当在会计年度终了的三个月前向理事长或者理事会提出书面申请。其中，企业、事业单位或者社会组织成员退社，应当在会计年度终了的六个月前提出；章程另有规定的，从其规定。退社成员的成员资格自会计年度终了时终止。成员资格终止的，农民专业合作社应当按照章程规定的方式和期限，退还记载在该成员账户内的出资额和公积金份额；对成员资格终止前的可分配盈余，依照第 44 条的规定向其返还。

三　榕江县农民专业合作社组织制度建设情况

组织制度是组织中全体成员共同遵守的行为准则，它包括组织的各种章程、条例、守则、程序、办法和标准等。榕江县有 681 家农民专业合作社，由于社员受教育程度普遍不高，合作社存在管理不规范、专业化水平低等问题，近半数合作社难以为继，名存实亡。有学者认为，农民专业合作社在本质上是一种治理结构，或许是因为人们深感当下合作社发展纷繁芜杂，觉得治理研究更加迫切、更加现实。[①] 要解决农民专业合作社中"空壳化""翻牌社""休眠社"或名存实亡等问题，就要制定和完善农民专业合作社治理制度。2014 年的"中央一号文件"就强调，鼓励发展专业合作、股份合作等多种形式的农民合作社，引导规范运行，着力加强能力建设。[②] 一般而言，农民专业合作社的权力结构、财务管理制度和成员管理制度从根本上影响着合作社的治理结构。

（一）榕江县农民专业合作社的权力结构

从榕江县 4 个正常运转的农民专业合作社的基本情况可以看到，4 个合作社中发起人出资额在注册资本中的比重决定了他们在合作社中的权力大小。在泰如种养殖农民专业合作社、德善种养殖农民专业合作社、阳光蔬菜种植农民专业合作社中，每个合作社的发起人出资额相同，理事长就由民主选举产生。在富祥小香鸡养殖农民专业合作社中，合作社发起人的出资额存在差异，尽管理事长也是由选举产生，但大股东毫无疑问地成为理事长。地方政府鼓励农民专业合作社发展的主要目

---

① 徐旭初：《农民专业合作社发展辨析：一个基于国内文献的讨论》，《中国农村观察》2012 年第 5 期，第 2～12 页。

② 张连刚、支玲、谢彦明、张静：《农民合作社发展顶层设计：政策演变与前瞻——基于中央"一号文件"的政策回顾》，《中国农村观察》2016 年第 5 期，第 10～21 页。

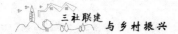

的是想通过合作社的发展来带动周边的村民发家致富，实现合作社减贫、致富的政策目标。因此，在 4 个合作社中，除了合作社的发起人是社员，其他村民也可以通过在合作社中务工或是参与合作社的生产分工成为合作社的社员。然而，这些村民在合作社成立时没有出资，主要是以土地入股分股金，在合作社中务工获取工资收入。

表5－1　榕江县 4 个合作社的基本情况

合作社名称	发起人数量	注册资本	发起人出资额	理事长	与其他社员关系
泰如种养殖农民专业合作社	8 人	120 万元	每人出资 15 万元	内部选举产生	雇佣劳作和保底分红
富祥小香鸡养殖农民专业合作社	7 人	60 万元	1 人出资 12 万元，占比 20%；1 人出资 10 万元，占比 16.7%。其余 5 人出资 7.6 万元，各占比 12.7%	内部选举产生，大股东担任	雇佣劳作和保底分红
德善种养殖农民专业合作社	11 人	44 万元	每人出资 4 万元	内部选举产生	雇佣劳作和保底分红
阳光蔬菜种植农民专业合作社	5 人	60 万元	每人出资 12 万元	内部选举产生	雇佣劳作和保底分红

（二）榕江县农民专业合作社的财务管理

榕江县地处欠发达地区，合作社的产生和发展主要是强制性制度变迁的结果。合作社的规模小、发起人数量少，股东之间的权力结构容易实现均衡和相互制约。给合作社正常运转和发展带来最大挑战的是没有建立健全的财务管理制度。例如，榕江县高寅弄蛋鸡养殖农民专业合作社发展良好，并已经实现了盈利，但也曾经因为合作社的账目对不上，6 个股东连续吵了一个星期的架而没有结果，合作社差一点就此解散。尽管《农民专业合作社财务会计制度（试行）》中已经做出规定，合作社按照账、钱、物相互独立分管原则，配置专职会计员、出纳员和资产管理报关员。但在榕江县正常运转的农民专业合作社中，财务管理人员要么由理事长、理事兼任，要么就是聘请业务素质不高的其他村民担任。财务管理存在问题是诱发股东在合作社运营过程中走向不合作的主要因素。

交易成本理论对于人们的行为有两个最为重要的基本假设，即有限理性和投机主义。"有限理性"是指人们的能力有限，因此无法正确地估算或收集正确的信息并确实地表达自己的想法。"投机主义"则是指人们除了会依照自己的意愿行动外，还会策略性地隐瞒某些信息并做出对自己有利的行动，并无时无刻不伴随着投机、欺骗的心态。[①] 在这两个重要的假设下，各种交易必然会伴随着交易成本的产生。而在单一组织内部，信息的收集、传递和运用及据信息做出决策都需要花费相应的成本。从交易成本理论来看，对交易成本的规避或削减的意愿无疑是农民走向联合与合作的初衷。但是，如果因制度设计的问题而让其中的成员倾向于做出投机行为，则组织需要付出的交易成本就会增加。我们可以看到，榕江县的农民专业合作社就因为相关管理制度不健全，财务信息不完整、不透明，股东之间的交易成本增加，合作社的运营风险也增加。

（三）榕江县农民专业合作社的成员管理

榕江县农民专业合作社的股东之间因财务管理问题、利益分配问题会产生分歧，一些股东中途退出合作社，威胁到合作社的存续。这说明合作社的成员管理制度对于合作社的发展发挥着至关重要的作用。当前，榕江县的农民专业合作社在日常运营中只重视对核心成员的权力结构安排，而忽视了财务制度建设和成员管理。农民专业合作社是农民自己选择的合作组织，农民有充分的退出权。[②] 在合作社内部，不同类型

---

① 吴彬：《农民专业合作社治理结构：理论与实证研究》，杭州：浙江大学出版社，2014，第 25 页。

② 黄祖辉、徐旭初、冯冠胜：《农民专业合作组织发展的影响因素分析：对浙江省农民专业合作组织发展现状的探讨》，《中国农村经济》2002 年第 3 期，第 13 ~ 21 页。

的社员可以通过中断合作关系或降低合作程度来减少对方的未来利益，这种自由的"退出权"给了社员更多参与合作的保障。林毅夫认为，关系到合作经济组织命运的激励机制，归根结底要靠合作社成员的"退出权"来保障。[①]

农民是理性的和趋于规避风险的，合作社愿意提供风险溢价从而使农户有可能选择合作。农户进入合作社后会获取一定的收益，例如保证农产品销售、获取更高价格、进行利润分红等。合作过程中也需要付出一定的成本，如缴纳会费、入股资金的机会成本、加入合作社花费的时间和精力等，农户选择不同的合作程度将带来不同的收益、成本以及风险。[②] 一般农户加入合作社是为了获取一定的利益，有很强的"搭便车"心理，他们是否与合作社展开合作对合作社的运营影响并不大。一旦核心农户不满意合作收益而选择完全退出，由于物质资产的专用性和人力资本较高的机会成本，核心农户会产生较大的耗费，收益也会大幅下降。而核心农户的加入和退出涉及股权结构调整，对合作社的存续和发展会产生重要影响。

但是，乡土社会的人情因素制约着合作社成员管理制度的建立。榕江县的农民专业合作社规模小、覆盖范围有限，合作社中的核心成员和一般成员大都来自同一个村寨和乡镇，甚至存在着亲属关系。故里和血缘是重要的纽带。社员自身对村寨和土地都具有较强的依附性，这不仅决定了榕江县的农民专业合作社中社员具有较低的流动性，而且意味着合作社还具有"熟人"社会组织特征。因此，合作社就变成了一种社会资本和社会资源的集合体，这种社会资本和资源提供了合作社所必需的信任、规范和网络，而且这种网络还具有生产性。合作社在成员管理过程中，可以把微观层次的核心社员和一般社员的个体行为与中观层次

① 林毅夫：《制度、技术与中国农业发展》，上海：上海三联书店，2005，第78页。
② 崔宝玉：《农民专业合作社发展研究——资本控制、治理机制与政府规制》，合肥：中国科学技术大学出版社，2016，第30页。

的集体选择结合在一起，形成合作社治理公共事务的内源性基础。在实地调查中，就有作为一般社员的村民认为，"合作社搞好了，我们大家都受益"，"合作社股东垫资了，他们又要花精力进行管理，他们也应该多分点"。

四 榕江县"三社联建"对于农民专业合作社发展所具有的意义

在国家的相关政策中，农民专业合作社被看成一种独立的市场经营主体，虽然有财政补贴，但需要自负盈亏。相关政策在解决农民专业合作社面临的困难时，一方面是促进合作社的规范化运作，另一方面是鼓励合作社内部加强合作及鼓励不同的合作社之间展开合作。张连刚等通过梳理历年的"中央一号文件"指出，党和政府鼓励合作社内部开展信用合作，可以在成员间实现资金余缺调配，以解决成员和合作社资金不足的问题，以及鼓励农民专业合作社联合社的创新发展。[①] 但是，对于西部欠发达地区而言，合作社发展还处于起步阶段，自身的综合实力不强，依靠合作社自身的力量来解决运行中存在的种种问题并不现实，必须借助其他类型组织的力量。农村信用社和供销社常常会与农民专业合作社发生业务往来，依靠农村信用社和供销社的专业优势提升农民专业合作社的综合能力是一条可行途径。

发展新型农村合作经济是促进现代农业发展的一个重要选择，是推进农业经营体制创新、完善农村基本经营制度的一项重要举措，是政府转变农业管理职能、有效落实农业农村支持保护政策的一种有益尝试，是农民专业合作、供销合作、信用合作谋求自身发展壮大的一条现实途径。[②] 榕江县委、县政府正是看到了农村信用社和供销社具有的专业优

---

① 张连刚、支玲、谢彦明、张静：《农民合作社发展顶层设计：政策演变与前瞻——基于中央"一号文件"的政策回顾》，《中国农村观察》2016 年第 5 期，第 10～21 页。

② 邵峰：《供销社在新型农村合作经济发展中大有可为》，《中华合作时报》2021 年 5 月 25 日，第 A07 版。

势，及又常常会和农民专业合作社发生业务往来，才创新性地提出了农民专业合作社与农村信用社和供销社进行"三社联建"。供销社长期扎根于农村商品流通领域，对农业生产和农产品流通比农户和农民专业合作社拥有更多的信息，也更加了解农户的需求和偏好。① 农村信用社拥有专业财务知识，可以帮助合作社建立健全财务管理制度，避免股东之间因财务问题而影响到长期合作。同时，在"三社联建"中，农村信用社和供销社并不入股农民专业合作社，不涉及农民专业合作社的股权结构调整，农民专业合作社的理事会仍然掌握自主经营权。

2020 年的 3 月 28 日，榕江县政府印发了《榕江县"社社联建"（试点）实施方案》，明确"社社联建"工作目标、实施内容及规划步骤。自"社社联建"工作启动以来，对全县还在正常运营的 300 多家农民专业合作社进行摸底调查。农村信用社由 4 名"金融指导员"组织全县 19 个片区 17 位财务指导员，以集中培训和一对一指导的方式，指导服务区域内农民专业合作社财务人员做好记账工作，并制定与产业发展相适应的财务管理制度。同时，财务指导员还兼任产业指导员，结合农民专业合作社现有产业和县委、县政府确定的"果、蔬、药、菌、猪、鸡"六大产业，指导帮助合作社做好产业选择，确定产业发展方向。通过产业指导和财务指导来提升农民专业合作社综合能力，特别是算好与边缘户利益联结账、经营账、效益账，着力破解"一股了之、一分了之、一兜了之"难题，促进农民专业合作社健康发展。

榕江县委、县政府推动农村信用社和农民专业合作社进行深度合作，不仅有利于规范农民专业合作社的财务管理制度，也为学界探索中国农村金融如何助力乡村振兴战略实施这个时代命题提供了素材。改革开放以来，中国农村金融体系改革经历了市场化起步、市场体系构建、现代金融制度探索和市场化改革深化四个阶段。很多地方的农村信用社

---

① 李继志：《新型农民专业合作社：参与主体行为、组织制度与组织绩效》，长沙：湖南大学出版社，2017，第 75 页。

在市场化改革以后，纷纷改制为农村商业银行，业务重心开始由农村向城市转移，促进农村经济发展的职能也在弱化。尽管中国农村金融体系四十多年的改革取得了巨大成就，但伴随着人口城镇化和农村商业化，现有的农村金融体系难以再为乡村振兴融资发挥主渠道作用和满足农村财务管理与风险管理需求。[①] 而"三社联建"以后，榕江县委、县政府再次强调了农村信用社服务农民、推动农村发展的职能定位，对于探索实践农村信用社嵌入乡村社会发展、助力乡村振兴实践具有重要意义。

　　产销对接是促进产业发展的根本，是农村产业革命"八要素"中的核心要素。农民专业合作社所生产的农特产品要能够销售出去，就必须做好产销对接工作。2015 年 3 月 23 日发布的《中共中央　国务院关于深化供销合作社综合改革的决定》强调："供销合作社要把为农服务放在首位。面向农业现代化、面向农民生产生活，推动供销合作社由流通服务向全程农业社会化服务延伸、向全方位城乡社区服务拓展，加快形成综合性、规模化、可持续的为农服务体系，在农资供应、农产品流通、农村服务等重点领域和环节为农民提供便利实惠、安全优质的服务。"[②] 供销社作为服务农民的合作经济组织，与农业、农村、农民相联系，供销社的主要阵地在农村，主要服务对象是农民，主营业务是流通。

　　现代商品流通方式主要包括连锁、配送、加盟、经销、代理、电子商务、网络经济等。在农村零售市场上，民营企业、个体商户和农贸市场成为零售业的主体，但一直处于主体规模小、实力弱、素质低、各自为战、竞争无序的状态，无法为农村商品流通引入现代流通方式，小农

① 蒋远胜、徐光顺：《乡村振兴战略下的中国农村金融改革——制度变迁、现实需求与未来方向》，《西南民族大学学报》（人文社会科学版）2019 年第 8 期，第 47～56 页。
② 《中共中央　国务院关于深化供销合作社综合改革的决定》，2015 年 3 月 23 日，http://www.chinacoop.gov.cn/HTML/2015/04/02/99699.html。

户与大市场对接的矛盾日益突出，流通效率低下、成本高。① 与其他农村流通主体相比，供销社有着天然的优势，主要在于：供销社可以利用网点多的比较优势，形成规模效益；可以实现统一进货，从源头上有效杜绝假冒伪劣商品进入市场和农村店铺；供销社在经营过程中，可以协助有关部门加强对农村商品流通市场的监督，降低监管成本，从而改善农村商品经营环境。

自榕江县开展"三社联建"工作以来，供销社与农民专业合作社之间的深度合作已经形成一种新的商品流通平台。一方面，供销社可以收集榕江县农民专业合作社对农业生产物资的需求情况，通过供销社的采购渠道进行大规模采购，可以明显降低农业生产物资的采购成本和流通成本，最终降低农民专业合作社的运营成本。另一方面，供销社掌握的农特产品供需信息要比农民专业合作社掌握的全面，可以及时向合作社提供市场供需信息，帮助合作社尽快将所生产的农特产品销售出去，避免农特产品滞销对合作社生产经营活动造成巨大压力。例如，自"三社联建"以来，榕江县供销社帮助泰如种养殖农民专业合作社进行化肥调运，共调运化肥100余吨，帮助合作社减少了2万余元的采购成本，为合作社减少了10%的农资采购成本。榕江县供销社协助合作社发布了2次农产品销售信息，通过供销社掌握的销售渠道为合作社销售了板蓝根苗400余万株，实现交易金额48万多元。此外，供销社工作人员还利用自身有农业生产物资的专业知识，亲自到合作社和田间地头指导农民正确、合理使用农业生产物资，进一步降低了合作社的生产经营成本。

与传统农产品流通模式相比，平台模式能够将分散的小农户以及对农产品有特殊需求的消费者集中在平台上，能够有效化解农产品供给和需求之间的矛盾，实现货物货源、销售资源、信息资源、客户资源等的

---

① 陈阿兴、武云亮：《农村商品流通网络与供销社新网工程建设研究》，合肥：中国科学技术大学出版社，2015，第55页。

有效整合。^① 榕江县供销社与农民专业合作社开展深度合作的意义首先在于，通过不同市场经营主体之间的合作，改变单个市场经营主体规模小、交易成本高等现状，实现利润共创、利益共享；其次，对于完善农村社会服务体系、提升农村现代服务业水平具有重要意义。农村商品物资的流通作为沟通城乡经济交流的重要纽带和桥梁，在统筹城乡融合发展进程中具有十分重要的意义。供销社和农民专业合作社深度合作突破了传统农业远离城市或城乡界限明显的局限性，科学合理地进行优势互补，使城乡生产要素的流动和组合得到充分融合，使农村现代服务业功能不断得到增强。

五　研究结论

不同于工业品市场，农产品市场的参与者是大量生产完全相同产品的小农，在这种完全竞争的市场条件下，大批小农生产者只能是市场价格的被动接受者，而不可能对产品的价格形成产生重要影响。^② 为防范市场风险，减少农业生产经营过程中的不确定性，当前中国的小农比以往任何时候更加渴望加入某个组织，为自己寻找避风港。随着农业生产经营市场化进程的深入推进，环境因素和农民自身条件的制约、市场经济中各种各样的机会主义的存在以及农业资源的高资产专用性，使分散的、单个的农民参与市场交易的不确定性增强。在中国农村的发展进程中，小农如何对接大市场既是一个理论问题，也是一个实践问题。农民专业合作社就是小农最好的一个选择，他们的最终目标是通过合作社实现自己的权益。

农民专业合作社通过组织制度安排的内部化将那些交易成本高的经济活动卷入组织内部，不仅节省了交易成本，而且提高了农民抵御风险

---

① 陈阿兴、武云亮：《农村商品流通网络与供销社新网工程建设研究》，合肥：中国科学技术大学出版社，2015，第74页。

② 苑鹏：《试论合作社的本质属性及中国农民专业合作经济组织发展的基本条件》，《农村经营管理》2006年第8期，第16～21页。

的能力。① 从理论层面来看，对于欠发达地区的农村发展而言，农业生产经营活动面临着农资采购和流通成本高、所生产的农特产品销售难等问题，经营风险相对较大，农民对于合作的需求也就更为强烈。但是，欠发达地区的农业生产仍然是以小农经济为主，商品经济并不发达，再加上家庭联产承包责任制下"分"的成分多而"统"的成分少，严重制约了欠发达地区农民专业合作社的内生发展。在此情况下，欠发达地区的农民专业合作社多是强制性制度变迁的结果，具体表现为在地方政府推动下的先解决"有没有合作社"再解决"合作社如何更好发展"的特点。

制度环境是一系列用来建立生产、交换与分配基础的基本的政治、社会和法律基础规则。因此，合作社的制度环境可以认为是制约和影响合作社发展的一系列外部制度的总和，大体包括政府规制、法律法规、行政介入、相关主体、文化禀赋等方面。榕江县有 600 多家农民专业合作社，已经解决了有没有合作社的问题，接下来是解决合作社如何更好发展的问题。榕江县委、县政府已经充分意识到，制度环境制约着合作社发展，因此通过推动农村信用社、供销社与农民专业合作社联合建设的方式来改善制度环境。"三社联建"的实践表明，其对于规范合作社的运营，提升合作社的综合能力具有明显作用。同时，"三社联建"还有利于探索经历市场化改革后的农村金融机构如何重新嵌入乡土社会，推动乡村振兴战略实施。供销社与农民专业合作社展开深度合作，表面上是降低了合作社的运营成本和经营风险，更深层次上则是通过商品流通体系建设，推动了城乡融合发展，提升了农村公共服务水平。可以说，"三社联建"的政策创新不仅推动了农民专业合作社发展，而且对于新时代乡村振兴战略的实施也是一种非常有价值的探索。

---

① 吴彬：《农民专业合作社治理结构：理论与实证研究》，杭州：浙江大学出版社，2014，第 125 页。

第二节 榕江"三社联建"助推产业发展：
基于管理学视域

一 管理学视域下"三社联建"相关理论基础

(一)"三社联建"机制

在脱贫攻坚最后的关键时期，榕江县紧紧围绕按时高质量打赢脱贫攻坚战，全面落实农村产业革命"八要素"，按照推动传统农业向现代农业"六个转变"的要求，在推动产业组织化、规模化、市场化过程中，紧盯农民专业合作社这个关键主体，探索以"合作社＋信用社"形式构建"社社联建"机制，打破农村生产力微观单位间的壁垒，实现各要素的有效流动，进一步解放农村生产力。

农民专业合作社是农村产业革命中的一个重要环节，是承接产业规模化实施、提升农民组织化程度、带动农民增收致富、促进农业现代化建设的重要载体。由于农民专业合作社社员受教育程度普遍偏低，农民专业合作社面临对市场行情掌握不准、对县里产业政策了解不透彻以及不知道怎么记账、账目不清的难题。农村信用社网点遍布乡村，工作人员具有知识层次相对较高、掌握市场信息且对市场反应灵敏、具备项目审查能力等多重优势。榕江县引导组织二者高效互动，由信用社工作人员担当农民专业合作社产业指导员和财务指导员，帮助规范管理、推动产业发展，同时提供金融服务，最终实现二者良性互动、共赢发展，"社社联建"机制如图5－1所示。"社社联建"是榕江县基于对市场经济一般规律的深刻认识和尊重而实施的，其作用在于充分发挥政府引导职能，通过信用社和合作社高效联动，打破农村生产力微观单位间的壁垒，推动市场要素有效流动，从而不断激活农村微观经济活力，是一项重要的经济体制改革措施。

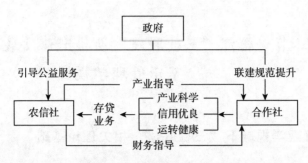

图 5-1 榕江县"社社联建"机制设计（2.0 版）

在"社社联建"推进过程中，榕江县巧借供销社改革之机，探索实施信用社、供销社、合作社三社互联互动和改革，着力解决合作社农资采购成本高、销售渠道狭窄等问题，重点培养供销社基层社负责人为区域供销经纪人，担任合作社农资指导员和销售指导员，为合作社健康发展、强筋健骨加配助手能人，形成了"三社四员"的新发展局面。"三社联建"机制如图 5-2 所示。"三社联建"这一机制创新是榕江县在乡村振兴新时期积极探索农民专业合作社多元主体协同治理的一条新路子。

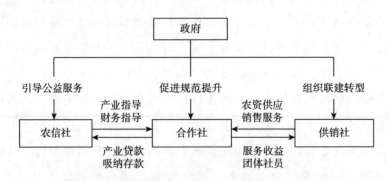

图 5-2 榕江县"三社联建"机制设计（3.0 版）

（二）波特五力模型

波特五力模型是由美国著名学者迈克尔·波特提出的，波特认为行业中存在着决定竞争规模的五大因素，即"现有竞争者之间的竞争"、"新进入者的威胁"、"供应商的议价能力"、"买方的议价能力"和

"替代产品或服务的威胁"。图 5 - 3 展示了波特五力模型中五大因素之间的作用关系。柏唯良教授在《细节营销》一书中提出，在细分市场角度比在行业角度，波特的五力模型能得到更好的控制，所以对细分市场进行积极有效的管理可以大幅度增强企业的获利能力和竞争力。[①] 武辰晔运用波特五力模型，分析了阻碍苏州中小企业跨境电商发展的原因，提出了关于促进苏州中小企业跨境电商发展的对策。[②] 李艳茹、代玉美运用波特五力模型，分析了中文图书编目馆员竞合现状，明确了编目馆员响应竞合决策的驱动因素。[③] 马萱利用五力模型的新视角分析了我国综艺节目的竞争力，提出了有针对性的战略决策有助于增强我国综艺节目市场的竞争优势的观点。[④]

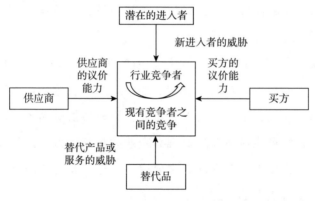

图 5 - 3　波特五力模型

1. 买方的议价能力

购买者主要指的是购买企业产品和服务的客户或客户群。购买者主要通过压低产品价格、提高产品质量和服务质量来提高其议价能力，

---

① 柏唯良：《细节营销》，朱宇译，机械工业出版社，2009。
② 武辰晔：《基于波特五力模型的苏州跨境电商产业竞争力分析》，《经济研究导刊》2020 年第 15 期，第 165 ~ 166 页。
③ 李艳茹、代玉美：《基于波特五力模型中文图书编目馆员竞合策略研究》，《图书馆工作与研究》2021 年第 5 期，第 77 ~ 84 页。
④ 马萱：《基于五力模型的我国综艺节目竞争力分析》，《中国广播电视学刊》2021 年第 2 期，第 74 ~ 77、96 页。

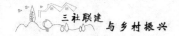

从而影响行业中现有企业的盈利能力。购买者议价能力的强弱主要取决于其购买的产品在企业产品销量中的占比高低和购买者是否有能力实现后向一体化。合作社的主要购买者是对绿色农产品有需求的每一个消费者。

2. 供应商的议价能力

供应商即企业或个人向其他企业提供原材料、劳务、设备等资本，企业的盈利能力和产品的竞争力受到供应商的议价能力的直接影响。供应商议价能力主要取决于他们所提供给购买者的是什么投入要素，当供应商所提供的投入要素的价值占了购买者产品总成本的较高比例、购买者对供应商提供的产品高度依赖、购买者很难在劳务市场中找到替代品时，供应商对于购买者的潜在讨价还价能力就大大增强。

3. 新进入者的威胁

新进入者在进入新行业时会带来新的生产能力和新资源。与此同时，市场已被业内现有企业所分割。如果新进入者想要在市场中占有一席之地，那么它们必须面对与现有企业在原材料供应和产品市场份额方面的竞争，它们可能最终会降低现有企业的盈利能力、权利甚至危及现有企业的生存。新进入者的威胁主要取决于进入新行业的障碍规模以及现有企业对新进入者的反应。

4. 替代产品或服务的威胁

替代品具有与现有产品或服务类似的性能，以满足客户的相同需求。替代品的威胁主要体现在限制现有产品价格的上涨和企业盈利能力的提高。因此，为了抵御替代品的威胁，企业应该升级现有产品，提高产品质量，提高产品价格竞争力，提高营销预算。现有企业会采取一系列措施，以尽量减少替代品的威胁和影响。

5. 现有竞争者之间的竞争

行业中的大多数企业之间都有密切的利益关系。他们激烈竞争以获取更多利益。每个企业的竞争战略都存在于企业的整体战略中，其目标是使自己的企业获得比竞争对手更多的优势，因而在实施过程中会不可避免地发生冲突和对抗。这些冲突和对抗构成了现有企业之间的竞争。现有企业之间的竞争体现在价格、产品宣传、广告投入和售后服务方面。

波特五力模型，为组织实现具体目标提供了选择可行路径的依据，也为榕江县合作社区分不同竞争力量提供了评估手段。分析榕江县合作社产业选择的合理性，找到其产业竞争力，是榕江县合作社获得可持续发展的重要一步。波特五力模型映射到现阶段与榕江县"社社联建"相关的利益主体及其竞争关系上，可以得到如表5-2所示的五种竞争力量。

表5-2 波特五力模型与合作社产业五种竞争力量对照

波特五力模型	合作社产业五种竞争力量
买方的议价能力	消费者
供应商的议价能力	供应商
新进入者的威胁	进入者
替代产品或服务的威胁	替代品
现有竞争者之间的竞争	竞争者

（三）协同治理理论

协同治理的中文语义是由"协同""治理"两个词组成的。协同是协作的意思，协作某种程度上就意味着让步，而不是基于从属依附关系的服从。治理是指政府主体和非政府主体共同研究处理公共事务的过程。协同治理一般被理解为政府、市场和社会等多元主体相互协调、共同行动，一起有效处理公共事务的过程。协同治理融合了治理理论和协同理论，主要是把协同的有关理论、方法和手段运用到实际事务处理中。燕继荣认为，从历史发展和演变的角度来看，治理理论有过三次大的飞跃，第一次体现为以"政府治理"为主要特征，第二次体现为以

"社会治理"为主要特征，现在逐步体现为以"协同治理"为主要特征。① 其他学者从不同角度对协同治理进行了研究。广义的协同治理一般是指为了实现共同的目标，多个组织之间开展的协同、协作关系。何水认为，协同治理的目的是维护公共秩序、提升公共利益，手段是利用互联网等信息技术，主体包括政府部门、非政府组织、企业和个人等，核心是多主体之间的相互合作和相互协调。② 刘光容将协同治理理解为政府和非政府等多元主体，为了实现公共事务的善治，聚焦特定治理目标和围绕特定治理对象，综合运用法律法规等硬规则和协同协作等软规则，通过一定的协商、沟通、竞争等方式，共同参与公共事务治理的方式。③ 李汉卿认为，协同治理虽然也强调个体之间的竞争，但更主要是寻求个体之间的合作、协作，以达到整合治理功效大于个体治理功效之和的效果。④ 王娅娅则把协同治理看作一个开放的系统，在这个开放系统中，政府部门、非政府组织、企业和社会、公民等各子系统之间能够互动、互通、协作、合作，实现多元主体的共同治理。⑤

协同治理具有以下特征。一是公共性，协同治理目标是解决公共事务，私人领域的问题不在解决范围内。二是多元性，协同治理的参与主体包括政府、企业、公民和社会组织等。三是互动性，协同治理的最大特征是各参与主体要进行信息共享、沟通互动和协商共治。四是正式性，各参与主体的权利、义务、关系等都要通过正式的活动安排确定下来。五是动态性，协同治理的目标、规则等并不是一成不变的，而是要根据事务的特点和事务的演进方向，视具体情况及时调整和完善。六是主导性，虽然政府不再是唯一主体，但其仍然具有法定的治理义务，其

---

① 燕继荣：《协同治理：公共事务治理新趋向》，《人民论坛·学术前沿》2012 年第 17 期，第 58～62 页。
② 何水：《协同治理及其在中国的实现——基于社会资本理论的分析》，《西南大学学报》（社会科学版）2008 年第 3 期，第 102～106 页。
③ 刘光容：《政府协同治理：机制、实施与效率分析》，博士学位论文，华中师范大学，2008。
④ 李汉卿：《协同治理理论探析》，《理论月刊》2014 年第 1 期，第 138～142 页。
⑤ 王娅娅：《协同治理视野下公民网络有序参与研究》，硕士学位论文，福建师范大学，2010。

在治理过程中居于主导地位。协同治理包括若干基本要素，如协同主体、协同对象、协同机制、保障制度、协同目标等，各要素之间关系紧密，不可分割。

（四）生态产业内涵

"生态产业"目前尚未形成统一定义，但可从理论指导、生产目标、生产资料以及生产过程等角度来理解生态产业的内涵及特征。从理论指导上看，生态产业发展多以生态学和生态经济学基本理论为指导；从生产目标上看，生态产业要求最大限度地降低消耗、提高资源利用效率和减少对环境的压力，实现人与自然、经济与环境的协调发展，以"自然－社会－经济"复合生态系统的动态平衡为目标，实现人与自然、经济与环境的协调发展；从生产资料上看，生态产业主要以生态资源为主，包括土地资源、气候资源、水资源、生物资源等；从生产过程上看，生态产业以现代科技为基础，提高资源利用效率，并建立完整的生命周期。

国内诸如潘家恩、陈楚、张壬午、成娟等学者均对中国的生态产业和乡村建设等内容进行过基础性的研究，对中国的乡村产业发展相关重点进行了梳理。易裕元、常纪文、谭明交等专家从产业兴旺与生态建设方面对乡村的发展进行了深入研究，指出了生态产业化和产业生态化对乡村未来发展的重要性。在地方政府对于生态产业发展的作用方面，国内学者彭羽指出，地方政府在有效发展生态产业过程中居于至关重要的主体地位。[①] 政府在如何引导生态产业有序发展方面，居于重要位置。地方政府应该通过用好相关的政策，引导生态产业发展，有力保障生态产业的可持续发展，并且要及时调整生态产业的结构、规模，加强对生态产业技术层面的研究，以此形成有活力的生态产业发展局面。

---

① 彭羽：《低碳经济背景下我国生态产业发展的财税政策思考》，《内蒙古科技与经济》2012年第22期，第46～47页。

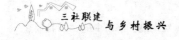

二 榕江"三社联建"产业选择：波特五力模型

产业分析的一个重要目的是帮助组织了解及把握产业的经营格局与变化趋势，比如各种市场力量的结构、来源、强度以及动因等，并在此基础上制定和实施企业战略。2020年以来，榕江县创新实施"社社联建"，推动合作社发展由数量扩张向全面质量提升转变，通过产业指导员的专业指导精准选择产业，推动榕江县相关产业高效发展。针对农民专业合作社对市场行情掌握不准、对县里产业政策了解不透彻的问题，产业指导员结合相关政策，在分析发展形势和市场供需信息基础上，科学指导合作社因地制宜选择产业和品种，推动产业结构优化。"社社联建"在实践基础上，直指合作社发展中的短板，着力解决合作社农资采购成本高、销售渠道狭窄等问题。"三社联建"使榕江县形成了"三社四员"的新发展局面。

本部分从榕江县生态发展视角出发，结合波特五力模型综合分析榕江县在产业选择方面的科学性与合理性，帮助榕江县更好地了解与把握产业格局与变化趋势，进而在此基础上制定和调整相关发展战略，因而对助推榕江县乡村振兴有重要的现实指导意义。

（一）榕江"三社联建"产业选择之消费者

现如今消费者的消费行为发生了巨大的变化，消费者更加追求对安全、健康、环保等产品的消费。顺应和把握消费升级大趋势，榕江县更好地实现产业选择及其发展的内在必然，也是榕江县产业升级的强大驱动力。榕江县农民专业合作社作为生产者和经营者，一方面，要顺应当下消费的新特点和新变化，发挥消费对产业发展的基础性作用，紧紧围绕消费者的意愿和特点来谋发展、促发展，以消费升级引领产业升级，促进生态产业和新业态的形成，赢取未来可持续发展的空间；另一方面，只有顺应和把握消费升级的大趋势，以制度创新、技术创新和产品创新来发展满足并创造消费需求的产业，推动消费升级引领产业转型升级，才能让合作社在产业选择和资源配置等方面进行重构与匹配，不断对生产策略、产品和服务进行调整，推进传统产业由低端生产向中高端水平迈进，最终实现产业的优化升级。因此，榕江县合作社在产业选择方面需要紧紧围绕消费者的消费意愿来谋发展、促发展，以绿色消费为支点，培育绿色消费新动能，实现榕江县产业的"绿色化"，助推生态产业发展。

榕江县合作社围绕"果、蔬、药、菌、猪、鸡"六大产业布局选定的生态产业面向的消费者，主要是单个消费者与集体消费者。榕江县信用社及供销社利用资源优势提供市场信息，帮助打通农产品销售渠道，例如信用社将两汪乡7家合作社列为扶持对象，帮助其白茶商品上架"贵州农信黔农云"农产品交易平台，提高了品牌知晓率。单个消费者可以通过交易平台进行购买，但由于每个消费者单次购买量少，单个消费者的议价能力非常弱。另外一种是集体消费者，就是集体统一购买，这也是榕江县产品出售的主要渠道。如学生食堂、酒店餐厅等在购买产品时，都是按照成百上千斤的购买量来挑选产品购买，因购买量大，其与卖方议价的资本更多，也更容易谈拢一个比单个消费者更低的价格，因而集体消费者的议价能力偏高，议价空间偏大。但就榕江县各产业产品的最终消费者而言，他们对产品有一定的刚性需求，而作为集中供应商身份的流通商又具有一定的卖方优势，这会导致流通商把产品价格抬高。这样以不同身份出现在生产和消费市场的流通者，在两端市场均具有优势，具有话语权。

（二）榕江"三社联建"产业选择之供应商

中国农村实行的是家庭联产承包责任制，这带来了农业生产的随机性和分散性，农户既是生产者，又是经营者。就榕江阳光蔬菜种植农民专业合作社来看，由刚开始分散的农户种植到合作社集体种植。由于之前农户供应商都是以个体的身份进入蔬菜市场，其集约化程度低、生产经营分散、技术水平较低，所以他们的议价力量特别小，缺乏话语权，

这也增加了农户和蔬菜商之间的交易成本。此外，农产品市场是一个完全竞争的市场，市场的参与者就是市场的价格接受者，农户单独提高价格的后果只能是蔬菜收购者转而购买价格低的蔬菜。另外，分散的农户根本不会联合起来减少蔬菜的供应来提高卖价。综合来讲，农户的地位比较低，所以就不会有较强的议价能力，只能接受流通商压低的价格。

榕江县通过"三社联建"发展壮大产业，带动农民合作经济组织拓展服务功能和推动农民合作经济发展壮大，同时建立具有生产、供销、信用"三位一体"的机制来帮助农民专业合作社，从而提高农户供应商的组织化、专业化程度。供销社可充分发挥市场引领作用，帮助农民专业合作社对接市场、企业，帮助农户和合作社解决销售难问题；作为金融机构的信用社充分发挥其在支农贷款中的支撑作用，拓宽针对农民专业合作社的新型金融产品的范围，协调解决农业经营主体融资难、融资贵问题。榕江县农业形成了产业化，形成一个完整的农产品价值链，形成了从种子、饲料、机械等农业生产资料的供应到农产品的生产、加工、包装、储藏，再到农产品的分销、服务等一系列由公司和社会团体组成的有序链条。

（三）榕江"三社联建"产业选择之进入者

国家越来越重视绿色发展和食品健康问题，消费者对农产品的要求也在不断提高。从榕江县围绕"果、蔬、药、菌、猪、鸡"六大产业布局的发展来看，蔬菜产业的进入门槛低，一旦某种蔬菜很抢手，大批新农户就会蜂拥而上，盲目地种植这种蔬菜，从而造成在下一个蔬菜供应季，这种蔬菜大量上市，供应远大于需求，购货商就会进一步大大压低菜价。同理，养殖生猪、小香鸡，种植香菇等也是如此。另外，在中药材种植方面，由于近年来贵州省大力发展中医药、民族医药，政策支持力度大，其进入门槛较低，相对其他农产品利润高，新进入者很多，势必造成市场份额被挤占。药材种植投资回报收益期较长，而且在这个较长的周期内市场行情可能会发生很大变化。投资回报收益期长，退出市场的成本较高，甚至在后期药材销售时还会存在一定难度。

榕江县通过实施"三社联建"改革，在政府引导下，农村信用社、供销社与合作社紧密衔接，一方面，农信社为合作社提供金融服务，指导产业选择，为合作社解决资金问题，从而有效防范资金风险；另一方面，供销社则全力保障合作社农资供应，并加强产销对接，为榕江县产业发展保驾护航。如 2020 年，因受新冠肺炎疫情影响，饭店停业、学校停课，造成种植的香葱无处销售，所有香葱全部烂在地里，造成巨大经济损失。为此，榕江县通过"社社联建"产业指导，帮助合作社完成产业转型，原先种植香葱的合作社转型发展为居榕江"六大产业"之首的百香果产业，现已种植百香果 1530 亩，总投资 280 万元，每亩预算获得项目资金 2400 元，获得国家项目资金 23.64 万元；实现每日带动就业 50～60 人，工人每天工资 130 元。

（四）榕江"三社联建"产业选择之替代品

替代品指的是能够在功能上具有替代性的产品，两种产品间存在竞争行为。在这里主要指的是与榕江县生态产业相近的农产品，像蔬菜、小香鸡、生猪、香菇等产品的市场替代品比较多，而替代品的出现也分走了一部分市场份额。但在产品的选择上，这些都跟居民的生活习惯有密切的关系，如猪肉在中国是主要的肉类产品，人们长期以来已经形成了以猪肉为主的肉类消费习惯，而且榕江的生猪是绿色养殖出栏，因此与其他肉类消费品相比其实是占绝对性优势的。还有绿色蔬菜产品，虽然当一种蔬菜的价格高于消费者预期时，消费者或许会在短时间会转向消费另一种蔬菜，但是长时间来看，其替代性不太强，因为蔬菜是日常必需品，其需求量也很大，这也确保了榕江县产业产出的销路。

此外，榕江县充分利用地理气候条件和生态环境等农业资源优势，建成"百亩"林下经济产业基地 129 个，其中草珊瑚基地 82 个，钩藤基地 13 个，天冬基地 5 个，黄精基地 6 个，重楼基地 2 个。中草药材一般是固定的，治疗某种疾病的药方也是相对固定的，药材可替代品较

少。近年来，中药被很多人青睐。抓住这一契机，榕江县注重发展和保护民间特色中药药方，同时发挥地理气候的优势，加快建设水尾乡万亩林下草珊瑚基地，将其作为贵州省林业局林下经济示范点，围绕打造"全国草珊瑚林下经济重点示范县"、"中国草珊瑚之乡"和"中国优质道地药材示范基地"等，打造"定威—都江"草珊瑚特色小镇。实现草珊瑚种植面积10万亩以上，致力于建成西部最大的草珊瑚药材供应基地。因此，榕江县农民专业合作社通过"三社联建"，在产业指导员的帮助下，产业选择更加精准，产品更加有竞争力。

（五）榕江"三社联建"产业选择之竞争者

产业对接、科技合作是推动榕江绿色发展的主元素。榕江县充分利用区位和政治优势，促进高校及科研院所创新要素向榕江产业聚集；在山区建特色产业生产基地、教学实验点等；针对榕江林下经济发展构建了行之有效的科技创新推广体系、绿色发展政策支持体系；培育发展并形成了具有地区特色的生态产业，创立了极具榕江特色的林下经济模式；形成了一定的特色品牌，这些品牌在市场上有较强的竞争力。例如，"黔农牌"榕江小香鸡获得无公害产地认证和产品认证、被评为"贵州省十大优质特色禽产品"，"黔农牌"榕江小香鸡这一地方特色品牌知名度不断提高。"十三五"以来，榕江县委、县政府将中药材产业纳入"一县一业"支柱产业、高新产业和战略产业来发展，林下草珊瑚种植规模不断扩大。榕江县致力于发展成为"全国草珊瑚林下经济重点示范县""中国草珊瑚之乡"。榕江立足资源禀赋和市场需求，在山区培育食用菌、小香鸡、百香果等乡村特色产业，形成竞争优势，提升产业集中度，打造产业集群。

榕江依托生态优势，大力发展绿色、有机和地理标志优质特色农产品，引入农村电商、果品采摘、技术养殖等新业态，不断提高生态产业的标准化程度和生态产品的附加值。榕江县加快精品水果产业、大健康产业、小香鸡产业、蔬菜农业观光等四大园区建设，进一步完善园区基础设施，增强园区产业聚集和服务功能，推动产业示范园区集约化、规模化、组织化、市场化发展；延长农特产品价值链，推动农业产业高质量发展，带动全县农户增收致富，使相关产业成立脱贫奔小康的坚实支撑，并成为脱贫摘帽后乡村振兴的最大助力。因此，从总体来看，榕江县产业目前的竞争力较强，且从长远来看是可以拥有并能长期拥有较强竞争力的。

三 榕江产业发展：协同治理理论

乡村振兴，产业兴旺是重点。产业作为乡村经济社会发展的重要支撑，是榕江县实现脱贫致富、全面推进乡村振兴的重中之重。如何选择产业、如何发展产业以及如何实现产业的可持续发展，一度成为榕江县农村产业发展的桎梏。农民专业合作社，作为农村经济发展的基本单元，是联结农户、龙头企业和市场的重要纽带，也是农村产业发展的重要载体。榕江县共有农民专业合作社近700家，但是长期以来，由于社员受教育程度低、管理不规范、专业化水平不高等，近半数合作社难以为继、名存实亡，严重制约了榕江县农村产业的振兴和发展。农民专业合作社基本集中于生产合作领域，在服务村集体经济、开展供销合作等方面的能力明显不足。合作社所面临的各种难题，如果不能及时发现和解决，势必会对榕江县全面推进乡村振兴产生不利影响。

随着榕江县农村产业的发展，单一的农民专业合作社已经不能满足日益增长的农村产业发展的需求。在持续巩固拓展脱贫攻坚成果与有效衔接乡村振兴的实践中，榕江县积极探索农村产业发展新模式，从单一的合作社，发展到合作社与信用社合作的"社社联建"，再到信用社、供销社、合作社互联互动的"三社联建"。这为榕江县农村产业发展带来了机遇，形成了以合作社为主导，信用社、供销社为辅助和补充，"三社"协调的农村产业发展主体新形式，打造出新时期农民专业合作社多元主体协同治理的新样本。

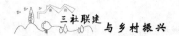

本部分内容基于协同治理理论，从多元化主体视角对榕江县的现状进行分析，探讨合作社、信用社和供销社相互协调的榕江县农村产业发展主体新形式，以期为榕江县的发展提供理论支撑，推动其进一步发展。在借鉴和发展协同治理理论的基础上，我们认为，协同治理的目标是发展和壮大合作社，实现农村经济发展和乡村振兴；协同治理的多元主体具体包括合作社、信用社和供销社；"三社"作为各参与主体，在农村产业发展的过程中信息共享、互联互建，并根据发展阶段适时调整任务和目标；政府在治理过程中仍居于主导地位，政府的意志在很大程度上影响着规则的制定。

（一）信用社指导合作社进行产业选择

产业选择是农村产业革命"八要素"之一，要发展产业，产业选择是第一要义，是推进农村产业革命的基础性工程。由于合作社成员基本为农民，文化水平偏低、市场信息闭塞，合作社普遍存在产业选择盲目、产业规划过于随意等突出问题，经营出现"自由、散漫、无序、将就"的乱象。发展农村产业，就好比是让村民们抱上"金鸡"，源源不断的"金蛋"才是他们过上安稳日子的保障。可是在选"鸡"时出现问题，不但没有了"金蛋"，还会使合作社走进"死胡同"，影响农民的收入。

在脱贫攻坚最后总攻的关键时期，榕江县紧紧围绕按时高质量打赢脱贫攻坚战，抓住农民专业合作社这个关键主体，引导参与互助共建，创新实施"社社联建"，充分发挥信用社的优势和作用，实现"合作社＋信用社"二者良性互动，助推农村产业发展。

之所以引导信用社与合作社互助共建，是因为信用社在农村中有多项优势。榕江信用社在全县 19 个乡镇铺设固定营业网点 22 个，"助农脱贫流动服务站" 16 个，离行式自助银行 7 个；在全县各乡村安装"信合村村通" 269 台，实现了全县 261 个行政村全覆盖。作为农村金融的主力军，信用社员工遍布乡村，普遍具有知识层次相对较高、掌握信息精准、市场反应灵敏、项目审查科学等多重优势，他们长期服务在农村一线，为农业、农民和农村经济发展提供金融服务。

聚焦合作社"产业选择不科学"的核心难题，信用社精准发力，着力破解制约合作社发展运营的瓶颈。一是精心开展全员培训。将各级产业政策梳理提炼汇编，以通俗易懂的语言讲清产业选择依据、发展形势、经营管理、财务管理等内容，编印《榕江县"社社（行）联建"产业指导员、财务指导员培训教材》1000份，精心开展以会代训、集中培训、指导员"一对一"培训662次，实现乡镇相关干部、信用社"两员"和合作社社员培训全覆盖，有效提高了合作社的经营水平，为科学指导合作社产业选择打下了基础。二是精准指导产业选择。围绕贵州省确定的蔬菜、茶叶、食用菌等12个农业特色优势产业以及榕江县确定的"果、蔬、药、菌、猪、鸡"六大产业，由信用社派出的产业指导员结合相关政策，在分析发展形势和市场供需信息基础上，科学指导合作社选择产业和品种，紧扣资源优势，做足特色文章，做到因地制宜选择具有比较优势的特色产业，推进产业规模化发展，让农村产业的"路子"清起来、稳起来、好起来。

自"社社联建"实施以来，合作社在产业指导员指导下，结合属地资源禀赋，因地制宜选准主导产业，解决了"不知道发展什么产业""产业选择不适合当地条件"等问题，大大降低了因产业选择失败而导致合作社受损失、社员积极性受打击的风险。全县154家合作社围绕"果、蔬、药、菌、猪、鸡"六大产业布局选定产业发展方向，实现百香果种植3853亩、蔬菜种植522亩、中药材种植19855亩、食用菌种植251万棒、生猪养殖13110头、生态家禽养殖10.1万羽，发展种养产业基地291个，为全县产业规模化发展提供了有力支撑。

（二）合作社承载产业规模化发展

农民专业合作社作为农村发展经济的微观单元，在组织带动小农户发展现代农业、激活农村资源要素等方面发挥了重要的作用，也是承载

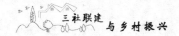

产业规模化发展、引领农村产业发展、推动农业现代化进程的重要载体。

与此同时，由于合作社是农民自我经营、自我管理、自我发展的市场主体，合作社在发展过程中也不同程度地存在一些问题：由于宣传推广不到位，村民对合作社不知情、不了解、不认可；大量农户没有加入合作社，有农户加入的合作社运营不正常，运营正常的合作社管理不规范；不少合作社产业选择不精准、财务管理不规范、产权关系不明晰等问题突出，"空壳社""僵尸社"较为普遍。

在实施"社社联建"后，榕江县合作社开始由数量扩张向全面质量提升转变。合作社的财务管理更加规范，正常生产运营的 342 家合作社中，有 278 家选定了产业和规范了财务管理。通过政府农业、林业等技术人员的一对一培训指导，现合作社已能做到规范记账，信誉度普遍提高。同时，根据榕江县地理环境及资源优势情况，合作社在信用社的帮助下及时调整了产业，把产业革命不断引向深入，聚焦"果、蔬、药、菌、猪、鸡"六大生态扶贫产业，大力推进林下中药材、林下食用菌、林下家禽、林下养蜂等林下经济产业发展，找到了榕江县产业裂变性的支撑。从榕江县产业发展情况来看，由刚开始分散的农户种植、养殖到合作社集体种植养殖，实现了榕江县产业的专业化、规范化及规模化。

此外，通过财务指导员的帮助，资产构成和归属更明晰，贫困户对通过扶贫资金、土地、技术、劳动力等方面入股占比等更明白，产业发展中物资采购、生产支出、产品销售等收支明细一目了然，理清了社员在生产投入中的摊销比例，算清了社员的收益分配。同时，在联建过程中，财务指导员帮助合作社进一步修改完善章程，明确社员在产业生产经营中的权利和义务内容，构建更加科学合理的利益联结机制。利益分配科学合理，大大减少了社员之间的猜疑和矛盾，促进了合作社的持续健康发展，也有利于产业规模的持续扩大。

（三）供销社服务合作社产业发展

供销社是为农服务的合作经济组织，是党和政府做好"三农"工作的重要载体。习近平总书记对供销社工作做出重要指示并强调，各级党委和政府要围绕加快推进农业农村现代化、巩固党在农村执政基础，继续办好供销社。[①] 在"社社联建"模式的基础上，榕江县巧借供销社改革之机，探索实施信用社、供销社、合作社互联互动，形成的新发展局面，进一步推进农村产业发展。

借助供销社深厚的为农服务基础和独特的经营服务优势，特别是其在农资、农产品流通方面具备完善的网络和渠道，旨在通过供销社着力解决合作社农资采购成本高、销售渠道狭窄等问题，以满足合作社产业发展需求，实现产业的可持续发展。一是培训农资指导员和销售指导员。由县供销社对农资指导员和销售指导员开展培训，明确农资指导员和销售指导员的职能职责，积极调动供销系统资源，提供农资供应和农产品销售渠道。二是农资需求信息采集及产品提供。农资指导员通过定期不定期收集辖区内合作社的农资需求信息，包括种子、肥料、农药、地膜、农机等农用物资的需求信息，统一汇总到县供销社，由县供销社在保障农资质量的前提下统一询价，充分尊重合作社购买意愿，以订单的形式开展团购并分发到各合作社，实现降低合作社农资采购资金成本和时间成本并提供质量保障的目标。三是销售信息收集。销售指导员通过定期不定期收集合作社的预计销售产品信息，及时汇总到县供销社，由县供销社发挥县销售专班智能，针对合作社需求，寻找真实有效的采购信息并及时发布，以为合作社提供更多的选择。四是建立销售信息发布平台。不定期发布采购信息、订单种养殖信息等，以增加合作社销售渠道和提供合作社种养殖项目信息。

就榕江县目前农村产业发展现状来看，单一的农民专业合作社主体远无法满足产业可持续发展的需求，"三社联建"是农村经济发展的必然产物。从"社社联建"到"三社联建"，榕江县实现的并不只是组织

---

① 《习近平对供销合作社工作作出重要指示》，中华人民共和国中央人民政府网，2020 年 9 月 24 日，http://www.gov.cn/xinwen/2020 – 09/24/content_5546699.htm。

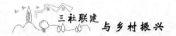

数量上的简单增加，而是合作社、信用社和供销社之间的资源整合、功能拓展和利益联结，"三社"协同成为榕江县农村产业发展的主体新形式（见图5-4）。农民专业合作社在提高农民组织化、专业化程度的基础上，承载了农村产业的规模化发展；信用社充分发挥产业指导员和财务指导员的优势，补齐了合作社的管理短板；供销社充分发挥了农资指导员和销售指导员的优势，补齐了合作社的市场短板；最终实现合作社"产业科学、运转健康、信用优良、销售顺畅"的目标。

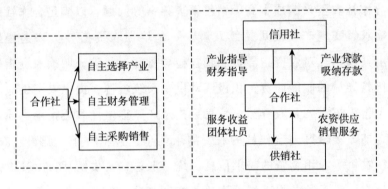

图5-4　多元主体下的农民专业合作社发展模式

第三节　"社社联建"：榕江农民专业合作社
成功的经济逻辑

一　问题的提出

农民专业合作社与农村信用社的联合是实现合作社稳步发展的关键。自新中国成立以来，中国农村金融体系发生了翻天覆地的变化，由非正式金融主导变为正式金融主导，由传统的民间自发和社会主导迅速转变为行政主导；在改革开放过程中，又经历了由行政主导到市场主导的改革进程。①② 随着农村金融改革的不断深入，农村经济和农村金融不断得到发展。农村金融的活力被激发，金融产品不断创新，农村服务不断改善，农村经济得到提升。③ 与此同时，农村金融供给侧结构不断改革，农村金融业的实力和农村经济的发展得到进一步增强。经历了数十年的不断探索，中国终于走出了一条符合中国国情的农村金融发展之路。④⑤ 农村信用社在此基础上得以发挥巨大作用。

农民合作社是在农村家庭承包经营的基础上，同类农产品的生产经营者或者同类农业生产经营服务的提供者、利用者，自愿联合、民主管理的互助性经济组织。我国的农民合作社不同于国外，存在规模小、融资难度大、利益分配和风险分担机制不合理、品牌意识差等问题。⑥⑦因此，与相关组织与机构联合，可能是解决这些问题的一个比较好的办法。⑧

贵州省榕江县隶属黔东南苗族侗族自治州，位于湘黔桂三省接合部中心地带，现有 681 家农民合作社，其中仍在正常运营的合作社只有342 家。长期以来，榕江县很多合作社都存在产业不明、账目不清、资金不足、人才匮乏、工作人员文化素质偏低等问题。为改变困境，2020年 2 月，榕江县正式启动"社社联建"工作，即农民合作社与农村信

---

① 张云华：《农业农村改革 40 年主要经验及其对乡村振兴的启示》，《改革》2018 年第 12
 期，第 14～26 页。

② 何广文：《从农村居民资金借贷行为看农村金融抑制与金融深化》，《中国农村经济》1999
 年第 10 期。

③ 温涛、何茜：《中国农村金融改革的历史方位与现实选择》，《财经问题研究》2020 年第 5
 期，第 3～12 页。

④ 《扶贫开发持续强力推进，脱贫攻坚取得历史性重大成就——新中国成立 70 周年经济社
 会发展成就系列报告之十五》，国家统计局，http://www.stats.gov.cn/tjsj/zxfb/201908/
 t20190812_1690526.html。

⑤ 张晓山、何安耐：《走向多元化、竞争性的农村金融市场》，山西经济出版社，2006。

⑥ 王晓颖：《农民合作社财务风险防范策略》，《中国乡镇企业会计》2021 年第 6 期，第 55～
 56 页。

⑦ 张杰：《农户、国家与中国农贷制度：一个长期视角》，《金融研究》2005 年第 2 期。

⑧ 董玄、周立、刘婧玥：《金融支农政策的选择性制定与选择性执行——兼论上有政策、下
 有对策》，《农业经济问题》2016 年第 10 期。

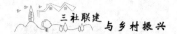

用社根据各自的特点，扬长补短、对症施策，提升农民合作社发展质量，带动农村产业发展，促进农村信用社收蓄资金，实现二者之间的良性互动。农村信用社通过指派产业指导员和财务指导员指导和帮助农民合作社选择产业发展、建立财务制度、规范收支记账，促进农民合作社"产业科学、信用优良、运转健康"，以实现其可持续发展。在此基础上，本节将榕江县正在运行的几个农民合作社作为研究个案来呈现"社社联建"模式。

二 农民合作社财务管理现状

（一）农民合作社缺少内部财务管理制度

目前，多数农民合作社未对风险防范与财务管理给予必要的重视，在内部尚未针对服务对象的特殊性建立风险防范制度与财务管理制度。例如，个别地区的农民合作社直接将乡镇银行等金融机构的财务管理制度在不加修改的基础上，就直接作为本社的财务管理制度，造成农民合作社财务人员及工作人员在日常开展经济业务时无法找到相应的规范制度，导致农民合作社财务管理混乱，内部存在极大的财务风险。同时，由于财务管理制度不够健全，员工在实际工作中遇到问题时没有明确的解决依据，会导致员工出现钻制度缺失的漏洞、挪用合作社财产的情况。

（二）农民合作社人才的专业素养有待提高

农民合作社财务人员的专业技能与职业道德是决定财务风险防范能力的重要因素。而目前，多数农民合作社的财务人员由非财经专业且年龄偏大的人员组成，其受到学历、专业的限制，只能从事一些基础性的会计核算与报表编制工作，无法从事报表分析、风险评估等专业性强的财务管理工作。

（三）农民合作社内部审计机制不健全

按照所有制性质及行业划分，农民合作社应受到当地政府主管部门的指导与监管，但由于政府监管方面的缺失，农民合作社的财务管理水平无法提高。因此，很多农民合作社在依赖政府政策的同时，忽略了对自身财务运营的管理，缺乏健全有效的内部监管制度，这也直接导致农民合作社在进行项目决策时出现决策盲目、监管不严的情况。①②

三　农民合作社财务风险的具体表现

（一）农民合作社在筹资方面存在风险

首先，农民合作社在筹资方式方面存在一定的不合理性。目前，多数农民合作社通过银行举债进行借款，但暂时没有制定出合理、科学的最佳资本结构比例，这将使农民合作社的财务风险增加。其次，农民合作社由于未对融资方式进行合理地评估，造成合作社负债比例偏高。在高债务的环境下运行，一来会给合作社带来较高的资金成本，二来会给合作社会员带来巨大的财务风险。最后，农民合作社对信用不够重视。多数农民合作社为了提高经济利益，开展融资后再进行高回报的投资，而在融资过程中由于各种原因未能按照协议约定及时偿还贷款，使自身的信用不断降低。长此以往，农民合作社的再融资能力将受到影响。

（二）农民合作社在投资方面存在风险

一是投资决策失误，容易造成投资失败。大多数农民合作社在进行投资决策过程中凭借主观意识与以往经验，未深入分析投资项目的可行性，且掌握的经济信息不完整、不真实，这会造成管理层投资决策的最终失误，增加了农民合作社的财务风险。此外，一些农民合作社在没有稳固主营业务的情况下，盲目融资后进行多元化投资。对拟投资行业在市场行情、客户需求、产品研发及内部管理方面的忽视，最终会造成农民合作社面临极大的财务风险。二是由于产权不清晰，个别理事掌握着

① 谢平、徐忠、沈明高：《农村信用社改革绩效评价》，《金融研究》2006年第1期。
② 周立：《乡村振兴战略与中国的百年乡村振兴实践》，《人民论坛·学术前沿》2018年第3期。

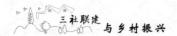

农民合作社的大部分资产，并在投资与处置方面具有绝对话语权。

（三）农民合作社在经营活动方面存在风险

一是未对资金进行规范管理，造成农民合作社资金流动速度缓慢。通常情况下，资金的流动性是衡量一个合作社偿债能力的关键。而目前，多数农民合作社忽视对资金的管理，使大量资金被存货、债权长期占压，这不仅会影响农民合作社的偿还能力及资产变现能力，还会增加农民合作社无法偿还债务的财务风险。二是未建立科学的风险防范管理制度。农民合作社未能根据自身经营特点与财务管理需要建立起内部控制、风险预警、报表分析等管理制度，这使合作社在开展经济业务过程中存在极大的财务风险。例如，不相容岗位分离制度的缺失，使合作社出纳人员拥有支付资金的全部权力，极易造成合作社资金被侵占的现象。

四 农民合作社防范财务风险的一般做法

（一）防范筹资风险的策略

一是保证筹资方式的合理性。在当今的市场经济环境中，农民合作社在选择筹资方式时，要认真分析有无潜在风险，明确将造成的经济损失。二是优化融资环境，加快农村金融体制改革步伐。国家应进一步优化金融环境，农业主管部门应强化与金融机构的沟通，从贴息、降率等方面为农民合作社提供优惠条件。例如，可与农业担保公司、农业开发银行等机构合作，为农民从事农业生产提供小额贷款。农村信用社本身也应在内部制定完善的提供抵押、贷款发放等相关制度。

（二）防范投资风险的策略

一是农民合作社应提高财务风险防范能力，在选择投资项目前，应对拟投资项目的市场行情、盈利前景等情况进行深入的分析、调查，必要时可聘请财务、法律等方面的专家为投资决策"把脉"，提高投资决策的正确性。此外，农民合作社还应不断吸取其他地区农民合作社的投资经验，以不断修正制定好的投资决策。二是农民合作社应建立清晰的产权制度，使集体资产通过民主的方式进行投资、处置，避免因一家独大而造成投资决策失误。此外，农民合作社还应将分红投入干部行政开支、社区公益事业中；应降低福利配股，提升现金购股，适当降低股份出售价格。在社区股份合作制改革过程中，农民合作社无法将所有内部经济实体改革包含在内，需要与单个经济实体产权改革进行结合，获得协同效应。

（三）防范经营活动风险的策略

一是降低农民合作社的资金运营风险。首先，农民合作社应强化资金预算管理，以指标体系控制合作社内部行政开支规模；其次，通过对现金流入与支出进行分析，揭示合作社在资金流动性、盈利方面的能力，将此作为融资、投资决策选择的依据，不断降低因资金管理混乱而引起的财务风险；最后，可通过内部控制中的授权审批制度对资金支出进行集体决策、审批，避免因擅自进行资金支出而增加合作社的财务风险。二是创新农民合作社组织架构，降低农民合作社经营风险。农民合作社应鼓励农民与收购方、合作方积极地进行沟通与联系，使广大农民了解农业生产市场的行情，保证农民生产的农产品最终可以被及时收购，避免因盲目选择投资项目而增加合作社的财务风险。同时，积极与农民开展自然灾害风险防范合作，保证农民在受到灾害侵袭后，可以迅速地组织生产，将自然灾害损失降到最低。此外，广泛与农业技术推广部门进行联系，聘请专家为农民从事农业生产进行培训，降低合作社因生产项目选择错误特别是技术落后而造成的风险。三是建立健全农民合作社内部控制制度。在内部控制中，农民合作社首先要建立财务风险防范机制，通过建立资产负债率、现金比率等指标，及时发现合作社在资产变现能力、盈利能力方面存在的潜在财务风险。农民合作社应加大财务清理与整顿力度，对收入与支出账目、往来账目以及债权债务等进行

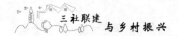

清查。将基础财务数据进行整理后，农民合作社应认真进行计算，并对比各项财务指标与预警值，提升财务风险预测的合理性与准确性。

（四）建立健全财务管理制度

目前，农民合作社管理层对财务管理工作缺少正确的认知，造成合作社财务管理制度在一定程度上不具有可操作性，无法规范合作社经济业务行为。因此，农民合作社应结合自身特点制定一套完整、科学的财务管理制度，在实施制度前应广泛征求各部门的意见与建议，提高财务管理制度的可操作性，最终以此制度帮助合作社防范财务风险。[1] 例如，制定内部会计监督机制、会计凭证审核制度，通过独立于核算人员的工作人员对会计凭证进行审核，可以及时发现贷款发放在审批流程、抵押物变现及客户信用资质方面存在的问题，可以有效地降低合作社财务风险。[2] 再如，制定预算管理制度，对各个部门的资金进行预算管理，以预算指标来控制合作社资金支出的规模，避免合作社业务部门擅自提高资金支出标准，给合作社造成资金浪费，从而降低合作社财务风险。

（五）通过内部审计规范经济业务活动及降低财务风险

农民合作社应建立内部审计、监督机制，成立专职的内部审计机构，对合作社日常会计核算、内部控制执行、风险防范等工作进行审计、监督，及时向合作社管理层汇报财务管理中存在的问题及潜在风险，为管理层制定改进建议提供宝贵意见，从而确保合作社顺利开展工作，并且不断降低财务风险，提高合作社的财务管理效率与水平。[3] 此外，农民合作社还应对潜在的财务风险情况等进行监督、检查、分析，

---

① 周立：《农村金融市场四大问题及其演化逻辑》，《财贸经济》2007年第2期。
② 温涛、何茜：《新时代中国乡村振兴战略实施的农村人力资本改造研究》，《农村经济》2018年第12期，第100~107页。
③ 王国刚：《从金融功能看融资、普惠和服务"三农"》，《中国农村经济》2018年第3期，第2~14页。

通过公示栏告知全体入社社员，同时对存在的各种风险等，进行认真研究，找出原因，提出应对措施。① 通过建立检查、监督、防范的长效机制，确保合作社稳定、长远发展。

综上所述，农民合作社产生财务风险的原因主要集中在筹资、投资、经营等方面。基于此，贵州榕江提出了"社社联建"的解决方案。

五 贵州榕江"社社联建"模式介绍

造成农民合作社存在财务风险的根本原因是，农民合作社缺乏专业的财务技术人员的支持和帮助。榕江县委、县政府通过"合作社+信用社"模式，引导和促进农民合作社规范发展，从而实现农村信用社和农民合作社的良性互动和共同进步。

（一）取长补短实现互利共赢

聚焦制约农民合作社发展运营的"产业选择不准、财务管理不清"两大核心难题，成立了榕江县"社社联建"工作专班，配齐配强产业指导员，由农村信用社业务员担任农民合作社产业指导员和财务指导员，通过"每日一调度、三天一研判、一周一小结、一月一推进"工作机制，指导帮助农民合作社选择产业发展、建立财务制度、规范收支记账，促进农民合作社"产业科学、信用优良、运转健康"，以实现农民合作社的可持续发展。截至2020年2月底，已有278家农民合作社与农村信用社进行联建。

（二）强化服务推动企业发展

精心选派92名业务骨干组建了榕江县"社社联建"先锋队，先锋队联系278家农民合作社，定期深入企业进行指导，制定产业发展类别清单，推进产业规模化发展；财务指导员帮助建立财务制度、规范财务

---

① 何广文、刘甜：《基于乡村振兴视角的农村金融困境与创新选择》，《学术界》2018年第10期，第46~55页。

记账工作，由农村信用社为农民合作社提供优质结算服务和融资绿色通道，明确特惠贷、深扶贷以及"摇钱树"系列信贷产品，对合作社产业发展加大贷款支持力度。据统计，2020 年以来农村信用社为农民合作社提供金融服务使农民合作社共获得贷款支持 2178.55 万元，农村信用社吸纳存款 2812.5 万元。

（三）建立完善利益联结机制

充分利用农村信用社的平台优势，发布产品信息，帮助打通农产品销售最后渠道，实现农户增收。例如，农村信用社将两汪乡 7 家农民合作社列为扶持对象，帮助其白茶商品上架"贵州农信黔农云"农产品交易平台，提高了品牌知晓率和销售率，增强了群众的致富信心。持续依托"贵州农信黔农云"农产品交易平台，使 278 家农民合作社生产出来的产品和农村信用社的合作不断加深，销售渠道稳步推进，打通了"榕货出山"的"最后一公里"。

（四）深化合作工作成效显著

通过开展"社社联建"，指导和扶持农民合作社发展，把一家一户分散的农户和千变万化的市场联合起来，按照市场信息组织生产和销售，推进产业规模化、组织化、市场化。推广"龙头企业 + 合作社 + 农户"组织方式，使农民合作社与贫困农户形成联系紧密的产业共同体、利益共同体，带动农民实现持续增收，使贫困农户获得持续稳定收入。"社社联建"有效带动劳务就业 2249 人次，实现增收金额 2196.76 万元，解决贫困农户 1311 人就业，帮助贫困农户实现增收 1151.6 万元。

六 榕江县农民合作社发展概况

（一）榕江县 6 个农民合作社的基本情况

如表 5-3 所示，榕江县共有两个农民合作社的社员超过 30 人，占比超过 30%。所有农民合作社均采取了"雇佣劳作 + 保底分红"的经营模式，且经营的农产品种类均较多，这些无疑加大了财务管理的难度。通过对榕江县各大合作社的调查发现，农民合作社的日常运营和重大决策均由合作社的发起人即股东负责，合作社内的其他社员由于在合作社成立时没有出资，丧失了对合作社日常经营管理的话语权，仅在合作社务工领取工资。因此，当社员与股东之间存在分歧而股东不能很好地处理分歧时，二者之间的矛盾有可能随着时间的积累越来越深，不利于合作社的发展。

表 5-3　榕江县 6 个农民合作社的基本情况

合作社名称	社员数量	注册资本	经营模式	经营情况	经营品种
泰如种养殖农民专业合作社	8 人	120 万元	雇佣劳作＋保底分红	2020 年罗汉果种植 200 亩、板蓝根种植 100 亩	主要从事板蓝根、罗汉果种植及销售
富祥小香鸡养殖农民专业合作社	7 人	60 万元	雇佣劳作＋保底分红	2020 年养殖场面积 300 亩，养殖小香鸡 2.8 万羽、水禽 3000 羽、香羊 60 只、其他禽类 5000 羽	以小香鸡养殖为主，兼养山羊、生猪、水禽等
德善种养殖农民专业合作	11 人	44 万元	雇佣劳作＋保底分红	食用菌种植 50 万棒，其中香菇种植 30 万棒、木耳 20 万棒；搭建食用菌大棚 30 个，共 5400 平方米	药材种植，食用菌培育，小香鸡、黑毛猪养殖等
阳光蔬菜种植农民专业合作社	261 人	60 万元	雇佣劳作＋保底分红	面积 360 亩，此外代管 60 亩蔬菜基地的田间管护工作	西红柿、黄瓜、豇豆、辣椒、苦瓜、茄子、水稻等
高文村惠农种养殖农民专业合作社	5 人	60 万元	雇佣劳作＋保底分红	2020 年种植百香果 1530 亩	杨梅、香葱、百香果等
康达种养殖农民专业合作社	35 人	100 万	雇佣劳作＋保底分红	基地 48 亩，其中基础设施面积 10 亩	生猪、山羊、小香鸡等

（二）农民合作社的财务管理特征

任何经济组织都必须进行财务管理。财务管理的目标由其自身固有的特性决定，不同经济组织的财务管理目标取决于该组织的经营目标和价值取向，必须与其创建、生存和发展的目标一致。经营互助和利益共享是农民合作社的基本特性和组织目标，农民合作社的财务管理目标应为：在确保满足开展服务需要、合理增加合作社积累的前提下，以追求全体成员的利益最大化为根本目标，不断增加成员入社所能共享的组织福利。这一基本目标决定了农民合作社的财务管理具有以下特征。

1. 坚持稳定盈利

农民合作社作为市场经营主体，在为成员提供优质服务的同时，应获取合理利润，不能无利经营，更不能亏损经营，否则就违背了市场经济的基本规律，无法实现创社目的，最终必然会被市场淘汰。

2. 长短期利益兼顾

作为互助性经济组织，与资本的合作不同，农民合作社具有明显的"人和"特征，但入社自愿、退社自由的规则可能导致合作社成员更加注重短期利益和眼前利益。因此，农民合作社的财务管理必须合理确定积累与分配的关系，一方面要通过不断增加自身积累，增强合作社的发展后劲和抗风险能力，实现长远利益；另一方面要按年度向成员分配盈余，满足成员渴望从合作社获得收益的需求，实现短期利益和长远利益兼顾，增强合作社的凝聚力。

3. 坚持互惠共赢

农民合作社的盈余分配不同于股份制企业的利润分配，股份制企业的利润分配一般按入股比例分配，而《农民专业合作社法》对合作社盈余的分配对象、分配比例、分配依据均有明确的规定。现实中，农民合作社的盈余分配必须在遵守基本法律的同时，兼顾不同类型成员的利益，实现互惠共享。

（三）榕江县农民合作社财务管理问题

榕江县的农民合作社规模小、发起人数少，使其能够较为灵活多变，但与此同时，也使其财务管理的成本较高，难以建立一套较为完备的财务管理制度。例如，榕江县高寅弄蛋鸡养殖农民专业合作社曾经因为账目对不上，6个股东连续吵了一个星期，合作社差一点儿就此解散。尽管《农民专业合作社财务会计制度（试行）》要求合作社按照账、钱、物相互独立分管原则，配置专职会计员、出纳员和财产物资报关员，但是，一方面，这会增加合作社的运营成本；另一方面，这种财会人员大多由素质不高的村民担任，合作社难以吸引专业人士的加入。因此，绝大多数农民合作社的财务管理存在问题。

信息不对称（asymmetric information）是造成合作社的实际管理者难以信任财会人员的关键因素，信息不对称指交易中的各人拥有的信息不同。在社会政治经济活动中，一些成员拥有其他成员无法拥有的信息，由此造成信息不对称。信息不对称主要可能产生以下三方面的问题。

1. 代理人问题

代理人并不总是为了委托人的最大利益行事。如经理虽然是全体股东的代理，但是可能不会始终维护股东的利益，在决策时尽可能追求自身利益最大化。在委托代理关系中，由于信息不对称，委托人和代理人之间的契约并不完整，需要依赖代理人的"道德自律"。委托人和代理人追求的目标是不一致的，委托人希望其持有的股权价值最大化，而代理人则希望自身效用最大化，因此委托人和代理人之间存在道德风险，需要通过激励和约束机制来引导和限制代理人的行为。这也是股权激励的原则。

2. 道德风险问题

信息不对称状态在交易完成之后会使交易双方面临道德风险问题。道德风险问题是研究保险合同时提出来的，经济学家经常用道德风险概括人们的"偷懒"、"搭便车"和机会主义行为。它在上市公司的治理中通常表现为下列三种情况：一是违反借款协议，私自改变资金用途；二是借款人隐瞒投资收益，逃避偿付义务；三是借款人对借入资金的使

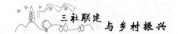

用效益漠不关心、不负责任，致使借入资金产生损失。

3. 信息不对称可能导致逆向选择

该现象由肯尼斯·约瑟夫·阿罗于 1963 年首次提出。阿克洛夫
（George Akerlof）在 20 世纪 70 年代发表了《柠檬市场：质量的不确定
性和市场机制》（The Market for Lemons：Quality Uncertainty and the Mar-
ket Mechanism）一文做了进一步阐述。三位美国经济学家阿克洛夫、斯
彭斯、斯蒂格利茨由于对信息不对称市场及信息经济学的研究成果获
2001 年诺贝尔经济学奖。从经济学方面解释，信息不对称就是指交易
一方对交易另一方的了解不充分，双方处于不平等地位。

首先，财会人员由于具备专业知识，更容易接触到合作社的内部财
务管理，因此能够通过其掌握的信息，与合作社的实际管理者形成信息
不对称。合作社内的财会人员可以充分利用自身优势——掌握专业知识
和长期参与合作社财务方面的管理，通过合作社财务管理和监管上的漏
洞，实现自身利益的最大化。

其次，合作社管理者和普通社员在绝大多数情况下利益都是保持一
致的，但是在某些特殊情况下并不完全相同，农户选择不同的合作社将
带来不同的收益、成本以及风险。当核心农户不满意合作收益而选择完
全退出时，物质资产的专用性和人力资本较高的机会成本，会使核心农
户产生较大的耗费，收益也会大幅下降。而核心农户的加入和退出涉及
股权结构调整，对合作社的存续和发展会产生重要影响。

（四）榕江县"社社联建"对农民合作社发展的意义

"社社联建"，即农民合作社与农村信用社根据各自的特点，扬长
补短、对症施策，发挥农村信用社工作人员的专业知识优势，为农民合
作社的产业发展和财务管理做出指导，同时收蓄资金，实现双方互利
共赢。

1. 信息优势

能够及时掌握市场信息是农民信用社选派产业指导员和财务指导员

的必要标准。以水尾乡的一家几度"濒危"的合作社为例，水尾乡的农民合作社在农村信用社产业指导员的帮助下，开始发展起草珊瑚林下种植，疫情期间，草珊瑚的市场收购价从每公斤 1.4 元涨到了每公斤 5.4 元，农户收益实现了最大化。

2. 项目审查

农民合作社具备项目审查的能力，通过对农民合作社即将实施的项目进行专业化的分析和研判，来减少农民合作社经营面临的风险和损失。

3. 财务指导

"社社联建"模式最初就是计划通过农村信用社为农民合作社提供专业的财务管理。农村信用社在财务管理方面具有很强的综合能力，能够为农民合作社的财务管理提供各种不同层次的支持。

4. 融资贷款支持

农村信用社的金融属性能够为农民合作社提供更多的金融支持。一方面，农村信用社参与农民合作社的财务管理过程，能够较为全面、准确地了解农民合作社的运营情况，有利于为农民合作社提供金融贷款。另一方面，农村信用社的参与能够加强金融主体与经营主体之间的互信程度，有利于减少在这一过程中产生的不必要的交易成本。

七 研究结论

近年来，农民合作社经济组织发展迅速，对促进农业和农村经济的发展起着非常重要的作用。农民合作社是提高农民进入市场的组织化程度的最好形式，蓬勃发展的现代农业和广阔的农村为合作经济的发展提供了巨大的空间。农民合作社是我国广大农民在农村土地家庭承包经营的基础上自主创办的农业生产经营组织，是新时期提高农民进入市场的组织化程度、增加农民收入的重要途径。作为市场经济主体，农民合作社不同于企业和事业单位，其在服务对象、业务类型、盈余分配等方

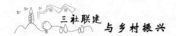

面有很多特殊性。推动农民合作社健康有序发展，必须要做好资金组织工作，处理好各种财务关系，准确记录和反映农民合作社的生产运营状况和财务运行情况。榕江县"社社联建"的实践表明，专业化的金融机构与农民合作社的联合往往能发挥"1 + 1 > 2"的作用，实现双方互利共赢，对新型农民专业合作社的发展具有重大的参考价值和借鉴意义。

第四节 "三社联建"：供销合作社发展历史脉络及地方实践路径研究

习近平总书记于 2020 年 9 月对供销合作社工作做出重要指示时指出，供销合作社是党领导下的为农服务的综合性合作经济组织，有着悠久的历史、光荣的传统，是推动我国农业农村发展的一支重要力量。[①]习近平总书记在浙江主政期间，提出发展生产、供销、信用"三位一体"综合合作。其后，浙江省以习近平总书记的"三位一体"合作经济思想为指导，积极地不断推进"三位一体"综合合作，并在发展实践中将其与供销社的综合改革紧密结合起来，在全省组建了农民合作经济组织联合会体系，近年来取得了巨大的成就，从而为供销社的综合改革和综合发展提供了一条值得借鉴的浙江路径。

供销社是为农服务的合作经济组织，是党和政府做好"三农"工作的重要载体，是推进农业现代化、促进农民增收致富、推动农村全面小康社会建设的重要动力。截至 2020 年末，全国供销合作社系统实现销售总额 5.3 万亿元，同比增长 14.2%。其中，农业生产资料类销售额 8667.1 亿元，增长 10.1%；农产品类销售额 22205.3 亿元，增长 19.5%；

---

① 《习近平对供销合作社工作作出重要指示》，新华网，http://www.xinhuanet.com//mrdx/2020 - 09/25/c_139396293.htm。

消费品类零售额 18234.5 亿元，增长 14.8%；再生资源类销售额 2824 亿元，增长 21.8%[①]。供销社已然发挥其作为国家为农服务生力军和国家队的作用。当前，实现巩固拓展脱贫攻坚成果同乡村振兴有效衔接，加快推进农业现代化，大力实施乡村建设行动[②]，更有必要深化供销社综合改革。

一 文献综述

供销社作为为农服务的合作经济组织，自改革开放以来，为了解决生存和发展问题，逐步演化成一个"四不像"组织。对此，学界对供销社进行了一系列研究。现有研究多集中于供销社综合改革、经营服务领域拓展、地方实践路径与地方经验总结三个方面。

（一）关于供销社综合改革

在制度改革方面，廖运凤认为渐进式和多种模式并存的供销社制度变迁有利于改革。[③] 唐敏、吴本银认为制度需求创新模式和制度供给创新模式是基层供销社制度创新的方法。[④] 在政策法规方面，汤益诚认为始终如一地履行好服务"三农"的使命和责任，准确把握社会主义市场经济改革方向和探索中国特色供销合作社治理体系是深化供销合作社改革的突出问题。[⑤] 崔红志、王军认为要建立财政股权投资的长效机制，确保对供销社投资规模稳步增长。[⑥] 周清杰认为法律缺失是供销合

---

① 《全国供销合作社系统 2020 年基本情况统计公报》，中国供销合作网，http://www.chinacoop.gov.cn/news.html?aid=1708771。
② 《中共中央 国务院关于实现巩固拓展脱贫攻坚成果同乡村振兴有效衔接的意见》，中国供销合作网，http://www.chinacoop.gov.cn/news.html?aid=1704576。
③ 廖运凤：《供销合作社制度变迁的经济学分析——新制度经济学的视角》，《北京工商大学学报》（社会科学版）2009 年第 4 期，第 111~116 页。
④ 唐敏、吴本银：《路径依赖、路径替代与基层供销社演进——关于基层供销社制度创新的制度主义分析》，《经济问题探索》2008 年第 5 期，第 145~151 页。
⑤ 汤益诚：《供销合作社改革的顶层设计与政策匹配》，《改革》2017 年第 8 期，第 31~39 页。
⑥ 崔红志、王军：《财政支农资金股权投资改革的效果、问题与建议——以供销合作社"新网工程"专项资金改革为例》，《学习与探索》2018 年第 5 期，第 108~112 页。

作社出现经济性质模糊的根源。① 苑鹏认为供销合作社现行相关法律规定存在缺位，所以提出尽快颁布"供销合作社条例"。② 李涛、张富春提出应该出台"供销合作法"，为供销社的改革提供法律依据。③ 在产权界定方面，韩俊认为合作经济是交易的联合，承认私人产权，承认成员对生产资料占有的差别，盈余的分配按交易额返还给农民。④ 张晓山提出供销社领办的农民专业合作社或专业协会发展壮大之后，赎买供销社的资产或股份，雇用供销社的干部职工，从而以专业合作社或专业协会为主体，改造、融合和"吃掉"供销社。⑤ 徐旭初、黄祖辉认为安排恰当的最终所有者和构建科学的治理结构是供销社深化改革的中心环节。⑥ 许建明提出应将供销社集体资产的价值相应量化分配给1984年之前的"身份农民"，作为他们的养老基金。⑦ 在基层社和联合社改造方面，张雷认为应重新界定基层社存量资产中属于集体财产部分的产权关系，规范基层社的内部组织管理制度与运作方式，理顺地方政府、供销联社与基层社的经济关系。⑧ 苑鹏认为基层组织建设以"体制"为主，强化与农民的利益联结，加速联合社治理机制改革，建立双向运行机制。⑨

---

① 周清杰：《我国供销合作社的经济性质之谜》，《北京工商大学学报》（社会科学版）2012年第1期，第46～50。

② 苑鹏：《供销合作社在推进中国农村合作事业中的作用研究》，《学习与探索》2020年第5期，第132～140页。

③ 李涛、张富春：《体制机制改革：供销社综合改革的方向与实践路径选择》，《经济问题》2016年第8期，第30～34页。

④ 韩俊：《关于农村集体经济与合作经济的若干理论与政策问题》，《中国农村经济》1998年第12期，第11～19页。

⑤ 张晓山：《合作经济：解决"三农"问题的金钥匙》，《中国合作经济》2005年第4期，第25～26页。

⑥ 徐旭初、黄祖辉：《转型中的供销社——问题、产权与演变趋势》，《浙江大学学报》（人文社会科学版）2006年第3期，第117～124页。

⑦ 许建明：《作为全部社会关系的所有制问题——马克思主义视野里的供销合作社集体资产产权性质问题研究》，《中国农村经济》2017年第6期，第2～15页。

⑧ 张雷：《基层供销合作社制度改革存在问题及对策》，《经济问题探索》2000年第4期，第126～127页。

⑨ 苑鹏：《深化供销合作社综合改革的进展与挑战初探》，《重庆社会科学》2017年第9期，第2、5～11页。

赵锦春、包宗顺认为应充分发挥基层组织重构在整合农产品供应链上游经济体进程中的重要作用。① 徐旭初等进一步提出"三位一体"农合联建设，依托农合联的非营利组织宗旨、开放组织边界、多元治理结构、创新生态系统属性等特征，通过"增量改革"推进供销社"存量改革"。② 在改革主体方面，张会恒认为建立以社员主动力归位为基础的三元主体协同推动体制是供销合作社改革成功的根本保证。③

（二）关于经营服务领域拓展

在开展土地托管服务方面，陈义媛提出如何进一步推动农民的组织化，以使托管服务产生更高的效益，调动村"两委"、基层供销社的积极性，是当前土地托管面临的最主要的组织困境。④ 孔祥智提出开展以土地托管为核心的为农服务体系，通过服务规模化解决了家庭经营的细碎化问题。⑤ 豆书龙、张明皓提出政府应该采取破除各方主体对供销部门的污名化理解、创新采用"财政切块"方法、提升供销部门职责履行能力以及加快供销社法治建设等措施推动土地托管政策的有效执行。⑥ 在开展合作金融服务方面，艾永梅认为，应完善登记制度治理机制，健全定期巡查审计及退出机制。⑦ 赵科源、魏丽莉认为，应以信用合作为核心推进供销社基层社改造，以基层社为基础建立联合社，发挥

① 赵锦春、包宗顺：《基层组织、网络体系与供销社社有企业效率》，《现代经济探讨》2019年第12期，第106～115页。
② 徐旭初、李艳艳、金建东：《供销社"去内卷化"路径探析——浙江"三位一体"改革之路》，《西北农林科技大学学报》（社会科学版）2020年第3期，第68～75页。
③ 张会恒：《供销合作社改革：三元主体协同推动论》，《经济问题探索》2001年第2期，第113～115。
④ 陈义媛：《土地托管的实践与组织困境：对农业社会化服务体系构建的思考》，《南京农业大学学报》（社会科学版）2017年第6期，第120～130、165～166页。
⑤ 孔祥智：《农民合作、土地托管与乡村振兴——山东省供销社综合改革再探索》，《东岳论丛》2018年第10期，第18～24、191页。
⑥ 豆书龙、张明皓：《供销部门土地托管何以遭遇困境？——以山东省共享县为例》，《中国农村经济》2021年第1期，第125～143页。
⑦ 艾永梅：《农村合作金融的风险控制——以山东、浙江供销社资金互助为例》，《中国金融》2015年第14期，第92～93页。

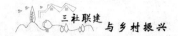

统分结合的合作金融组织与制度体系优势，制定供销社开展合作金融的配套政策及支持体系。[1] 在建设流通网络方面，陈晓玲提出供销合作社流通信息化建设要坚持以服务"三农"为中心的建设理念，坚持与新网工程相结合，坚持先进性、适应性和经济性相统一。[2] 高波提出要构建完善基础网、区域网、省级网三级网络流通体系。[3] 李红、尚永华提出以供销社为基础构建中国现代"大农业"服务体系，组建各类农产品生产合作社，重塑农产品流通主体，基于供销社建设现代农产品流通体系，构建地方特殊农产品标准体系，构建农产品电子商务服务平台和流通渠道。[4]

（三）关于地方实践路径与地方经验总结

在地方实践路径与经验总结方面，汤益诚提出河北省供销社改革的重点在于新型供销社体制架构、社会化服务体系、现代流通网络和金融服务体系的构建，浙江省供销社改革的重点在于新型合作体系、组织体系和服务机制构建，山东省供销社改革的重点在于工作机制、组织、服务和经营创新，广东省供销社改革的重点在于联合发展体制、组织体系、经营体系、服务体系和管理体系的构建。[5] 苑鹏提出，新时代供销社地方实践可以分为三大类：第一类是带动农民专业合作社再联合，如以浙江省为代表的"三位一体"农合联模式；第二类是直接参办领办农民合作社，如以山东省为代表的"村社共建"；第三类是建设农民合作社综合服务平台，如以重庆市为代表的农民合作社服务中心。[6]

---

① 赵科源、魏丽莉：《以合作金融为着力点 推进供销社改革》，《理论视野》2016 年第 12 期，第 78～80 页。

② 陈晓玲：《供销合作社流通信息化建设研究》，《兰州学刊》2008 年第 9 期，第 73～75 页。

③ 高波：《农村现代物流体系中供销合作社作用刍论》，《生产力研究》2010 年第 8 期，第 46～47 页。

④ 李红、尚永华：《基于供销社的农产品流通体系创新研究——以山西为例》，《西北农林科技大学学报》（社会科学版）2012 年第 2 期，第 61～66 页。

⑤ 汤益诚：《供销社综合改革关联顶层设计》，《改革》2014 年第 5 期，第 8～9 页。

⑥ 苑鹏：《供销合作社在推进中国农村合作事业中的作用研究》，《学习与探索》2020 年第 5 期，第 132～140 页。

综上所述，国内学者分别从供销社综合改革、经营服务领域拓展、地方实践路径与地方经验总结三个方面对供销合作社展开了一系列研究，取得了丰富的研究成果，但仍有不足。在供销社综合改革方面，缺乏对基层社合作经济组织属性、联合社主导行业指导体系、社有企业支撑经营服务体系、联合社与社有企业关系、供销社治理结构和自身建设等方面整体性和本源性的关注；在经营服务领域拓展方面，对供销社打造城乡社区服务平台和农村合作金融等方面的研究成果较少；在地方实践路径与地方经验总结方面，地方经验只是初步使供销社回归到"三农"方面，初步激活供销社为农服务活力，但并没有使供销社"与农民坐在一条板凳上"，怎样使供销社真正成为农民的合作经济组织还有很长一段路要走。在全面推进乡村振兴、加快实现农业农村现代化背景下，本节将在梳理总结供销社发展历程的基础上，探讨供销社发展的地方实践路径，总结经验教训，探索供销社未来的发展路径。

二　供销社发展的历史脉络

（一）改革开放前供销社发展的历史脉络

改革开放以前的供销社为服从国家经济体制改革大局，分别于1958年和1970年与国营商业合并为全民所有制，又于1962年和1975年恢复集体所有。这时期的供销社在国家行政场域开展工作，其开展工作的合法性和物资购销的垄断性得到强有力的保障。

1. 新中国成立初期：兴起与合作化发展

新中国成立初期，百废待兴，国民经济发展面临的形势依旧复杂严峻，供销合作社被中共中央定位为恢复农业生产、恢复城乡物资交流和为工业化提供有效支撑的动力。1950年7月，中华全国合作社联合总社成立。1954年，中华全国合作社联合总社更名为中华全国供销合作总社，这标志着我国的供销合作社已经成为一个独立的具有统一系统的集体经济组织。同年，首部《宪法》指出合作劳动群众集体社经济为

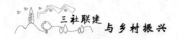

四种生产资料所有制形式之一，确定了合作社劳动群众集体所有制的性质，确立了合作社的法律地位，为供销合作社规范发展提供了法律保障，从而促进了供销社的快速发展。1949～1952 年，供销合作社在我国广大农村地区快速扩张，初步实现了对农村地区的全覆盖。1953～1956 年，供销合作社与计划经济体制、统购统销等制度密切配合，由政府控制和管理，并从政府那里获得计划分配资源，垄断了农村商业绝大部分行业，在一定程度上改造和替代了农村私商，重塑农村商业格局，成为名副其实的农村物资流通"主渠道"。从某个方面来看，这一时期的全国农村地区基本实现了供销合作化。

2. "大跃进"到"文革"时期：二合二分

社会主义改造完成之后，1958 年中共中央下发《关于在农村建立人民公社问题的决议》，确定人民公社实行政社合一、工农商学兵相结合的体制，并在全国农村地区广泛开展人民公社化运动。此次运动的开展指明了"农村逐步工业化的道路，农业中的集体所有制逐步过渡到全民所有制"。人民公社化运动兴起之后，独立的农村供销合作社系统被硬性纳入人民公社组织体系之中，成为"人民公社供销部"。管理体制的变更和无序导致基层供销合作社乱象频发。在"大跃进"风潮中，供销合作社系统为了跟上形势发展，开展"大购大销"运动，导致全系统遭受严重损失。因此，1961 年党中央在基于广泛扎实的调查研究以及对经济情况实事求是分析的基础上，下发《关于改进商业工作的若干规定（试行草案）》，决定恢复供销合作社及其集体所有制性质，以便更好地为农业生产和农民生活提供服务。1962 年中共中央、国务院又下发《关于国营商业和供销合作社分工的决定》，对国营商业和供销合作社重新进行了分工，明确国营商业是领导力量，供销合作社是有力助手，供销社所有制性质也由全民所有制转变为集体所有制，加强了农村供销合作社的民主管理。然而，在"文革"十年内乱中，受"左"的思想的影响，供销合作系统在思想上遭到了大批判、在组织上遭到了大摧残。1970 年全国供销合作总社与商业部、粮食部、中央工商行政管理局正式合并，成立新的商业部，所有制性质再次发生变动，供销合作事业遭到巨大冲击与损失。在周恩来等中央领导人对"左"的错误的抵制和广大供销合作社职工的共同努力下，1975 年中共中央、国务院决定恢复供销合作社系统。虽然经历了国营商业"二合二分"，但是供销合作社仍坚持贯彻"为农业生产服务"原则，继续发挥农村物资流通"主渠道"的作用，为稳定农业生产起到关键支撑作用。

（二）改革开放后供销社发展的历史脉络

20 世纪 80 年代初，在人民公社体制废止、家庭联产承包责任制推行与政社分离的背景下，市场机制配合着国家权力，使农民的日常生活不断丰富，同时使供销社组织目标功利化。

1. 改革开放初期：市场化探索

中共十一届三中全会以后，农村率先成为改革的重点。由于农村政策环境的松动和家庭联产承包责任制的普遍推行，农村经济在较短时间内得以超常规增长。与此同时，农村流通领域出现了政策环境的松动，个体经济、农村集市陆续回归，农村市场的变化对供销社的垄断性地位构成了竞争和挑战。但在此期间，供销社分阶段、分步骤地进行了力度空前的改革，并取得了重要的阶段性成果。1977～1982 年，供销社恢复了"三性"。中共中央批转的《全国农村工作会议纪要》指出，"要恢复和加强供销合作社组织上的群众性、管理上的民主性和经营上的灵活性，使它在组织农村经济生活中发挥更大的作用"，实质上这是供销社本质属性的回归。同年，在政府精简机构的过程中，供销合作总社与商业部合并，但这次供销社财务制度分设，集体所有性质未发生变化。1984～1985 年，供销社进行五个突破，即一突破农民入股限制，二突破经营服务范围，三突破过去不合理的劳动人事制度，四突破传统的分配制度，五突破过死的价格管理，官办转为民办。但是"五个突破"更多的是供销社管理经营和体制机制的变革，未触及供销社与其他市场

主体的关系。1986~1991年，在巩固和完善"三性"和"五个突破"的基础之上，供销社将改革重心转移到为农村商品生产提供服务的轨道上来，并提出了"六个发展"的改革目标，即发展为商品生产的系列化服务，发展横向经济联合，发展农副产品加工业，发展多种经营方式，发展农村商业网点，发展教育和科技事业。这次改革使供销社的服务对象和服务领域进一步拓展，综合效能进一步提升，与农民的关系也进一步密切。经过这几次阶段性的改革，供销社初步建立起集体所有的民主管理制度，基础组织也得以恢复和发展。

2. 市场经济确立期：市场化转型

1992~1995年，供销社由于对市场经济的内涵和运作机制以及对市场经济下多种商业经济成分的自由竞争不甚了解，未能及时对自身的体制机制进行调整。再加上在市场经济浪潮的推动下，供销社"为农服务"宗旨逐渐淡薄。于是，其市场化改革路线逐渐脱离了"三农"，开始进入城市市场搞大买卖、大商场、房地产，但对城市采购系统和市场经营经验的缺乏导致其经营节节败退。此外，供销社承担的政策性亏损，也成为其市场化经营的包袱。因此，1995年《中共中央、国务院关于深化供销合作社改革的决定》指出，中华全国供销社总社恢复成立，并且供销社改革的根本目标是把供销社"真正办成农民自己的合作经济组织"。要实现这一目标，最重要的就是做到三个坚持：坚持集体所有制性质，坚持为"三农"服务，坚持民主办社的合作制原则。然而，此次供销社系统的改革并没有马上扭转供销社的颓势，从1995年下半年开始的棉花滞销、1997年发生的化肥等生产资料积压，都使供销社承担了更大的政策性亏损。1999年国务院制定的《关于解决当前供销合作社几个突出问题的通知》要求供销社妥善处理亏损挂账问题，推行以市场化为特征、以扭亏增盈为目标的改革。供销社在连续抓了两年扭亏增盈之后，经营形势和经济效益开始好转。21世纪初，全系统初步实现了扭亏为盈的目标，解决了系统生存问题。2000年春，在中华全国供销合作总社印发的《进一步深化基层供销合作社改革的意见》的指导下，基层供销社通过清股分红、吸收农民入新股、劳动分配管理制度改革、加强基层社建设和探索向综合性农业服务组织发展的新路子等方法，在 2002 年实现了农村基层供销合作社系统扭亏为盈。

3. 改革开放新时期：企业化发展

2002 年，在我国加入世贸组织、市场流通领域竞争更加激烈的背景下，供销社开始进行市场化主导的"四项改造"，即要求以"参与农业产业化改造基层社、以产权多元化改造社有企业、以社企分开开放办社改造联合社、以发展现代经营方式改造供销社网络"，并于 2006 年开始，在国家的支持下进行"新网工程"即新农村现代流通服务网络工程的建设。2008 年在金融危机的影响下，供销社系统被国家纳入扩大内需的服务体系和物价调控体系。因此，2009 年国务院出台了《关于加快供销合作社改革发展的若干意见》，指出"供销社对于活跃农村流通，完善商品流通体系，建设现代农业，拉动农村需求，推进社会主义新农村建设，促进形成城乡经济社会发展一体化新格局，具有重大意义"。这一时期，在市场机制和政策的倒逼下，供销社逐步构建起以企业为龙头、以连锁经营为主要业态的城乡经营网络。

十一届三中全会以后，党的工作重心逐渐转移到经济建设上来，并且农村改革进入新进程。1982 年，供销社由官办改为民办，即由全民改为集体，这是供销社第三次和国营商业合并，一直持续到 1995 年。但此次合并，县级以下供销社得以保留独立系统，并由地方政府管辖。1992 年我国确立经济体制改革目标之前，虽说经过流通体制改革，商品经济出现，供销社地位受到冲击，但供销社进行了恢复"三性"、"五个突破"、"六个发展"等改革得以优化。然而，市场经济的建立及其在农村的逐渐发展，农业和农村经济的快速发展，农村市场多元化格局的凸显，使供销社的垄断地位面临着前所未有的冲击。供销社支持工业的作用被削弱，政治地位也在下降，逐渐被边缘化，与农民的关系逐

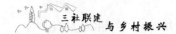

渐转变为单纯的"买卖"关系,为农服务思想弱化。再加上国家棉花、化肥流通体制发生巨大变化,供销社系统处于亏损破产状态。于是,自1995年和1999年以来,供销社改革转向以扭亏增盈为重点、以"企业化"为核心①。20世纪初,全系统扭亏增盈。解决生存问题以后,供销社开始解决发展问题。这一时期的供销社主要嵌入社会领域发展,其运作空间由行政场域向社会场域转移。供销社一方面失去了体制性权力,在市场和政府序列中处于边缘化地位;另一方面在不断生成的市场互动过程中失去认同性权力。② 然而,在确立了以扭亏增盈为重点、以"市场化"为核心的改革方向以后,供销社的发展重焕生机。实行"四项改造""新网工程"以后,供销社逐步构建以企业为龙头、以连锁经营为主要业态的城乡经营网络。

(三) 党的十八大后供销社发展的历史脉络

在我国进入全面建成小康社会的关键时期和深化改革开放、加快转变经济发展方式的攻坚时期,供销社进入了高质量发展阶段。这一时期的供销社嵌入国家政策场域、市场场域、社会场域和文化场域,始终如一服务于党和国家"三农"工作大局、始终如一担当党和政府密切联系农民群众的桥梁纽带、始终如一坚守为农服务宗旨、始终如一办成综合性合作经济组织和始终如一推进现代流通体系建设,为构建现代农业经营体系、推进现代流通服务建设和助力城乡融合发展贡献自身力量。

1. 农村发展新阶段:深化综合改革

党的十八大以来,党中央深改组多次聚焦"三农",做出了一系列激发和释放"三农"事业活力的重要部署,深化供销社改革正是其中之一。2014年,"中央一号文件"明确提出,要积极稳妥开展供销社综

---

① 杨占科:《供销社改革目标模式的几点思考》,《农业经济问题》2003年第6期,第56~60、80页。

② 徐旭初、李艳艳、金建东:《供销社"去内卷化"路径探析——浙江"三位一体"改革之路》,《西北农林科技大学学报》(社会科学版)2020年第3期,第68~75页。

合改革试点。同年，国务院政府工作报告再次对推进供销社综合改革试点工作提出了要求。2014年4月，国务院正式批复同意中华全国供销合作总社在河北、浙江、山东、广东4省开展综合改革试点工作。同年5月，习近平总书记、李克强总理亲自听取供销社工作汇报，为供销社综合改革定方向、定调子、定任务。2015年3月，中共中央、国务院印发《关于深化供销合作社综合改革的决定》，着眼全面深化农村改革、加快推进农业现代化的新形势新要求，对深化供销社综合改革做出全面部署，提出明确要求。为此，国务院召开专题电视电话会议进行动员和部署。随后，各级党委政府认真贯彻落实《关于深化供销合作社综合改革的决定》的要求，对供销合作社综合改革试点工作高度重视，将其纳入当地农村经济社会发展大局中同谋划、同部署、同推进。2016年4月，习近平总书记考察小岗村所做的重要讲话中，将供销社综合改革作为深化农村改革的六项重要任务之一。① 供销社出台的一系列改革措施，在农业社会化服务走出了路子、基层组织体系建设找到了法子、体制机制创新打开了口子，并在党委政府和人民群众心中赢得了位子。

2. 社会主义新时代：推动综合发展

党的十九大以来，供销社积极参与脱贫攻坚和乡村振兴工作。2017年中央一号文件指出加强农民合作社规范化建设，积极发展生产、供销、信用"三位一体"综合合作。2018年4月，中华全国供销合作总社部署专项改革试点。经过综合改革，供销社基层组织进一步夯实，为农服务能力显著提升。2020年9月底，中华全国供销合作总社第七次代表大会胜利召开，全系统积极谋篇"十四五"、擘画新蓝图，为开创我国供销合作事业新局面不断奋进。2021年供销社"三位一体"综合合作试点工作全面启动，为进一步促进农业农村发展贡献自身力量。如今的供销社已经发展为全年销售总额为58925.9亿元、全年商品交易

---

① 《十八大以来供销合作社系统改革发展成就系列综述》，中国供销合作网，http://www.chi-nacoop.gov.cn/HTML/2017/09/21/123787.html。

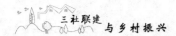

（批发）市场交易额为 10089.1 亿元、全年电子商务销售额为 2998 亿元、全年商品进出口总额为 670.7 亿元的庞大综合性合作经济组织①，已经成为带动农户进入市场的基本主体、发展农村集体经济的新型实体和创新农村社会管理的有效载体。

三 供销社发展的地方实践路径

（一）浙江"三位一体"农合联综合合作模式

1. 农合联实践概况

浙江省是东部沿海经济发达地区，商品经济发展程度、农业产业化体系程度都比较高，同时农民专业合作社发展基础较好，各类新型经营主体发展势头也比较强劲，因此对更高层次合作的需求也更加迫切。2006 年习近平主政浙江时期，首次提出积极探索"三位一体"新型合作体系。2014 年，浙江省开始组建发展作为"三位一体"综合合作的落地组织"农民合作经济组织联合会"（以下简称"农合联"）。到 2017 年底，浙江省已全面完成了省、市、县、镇 4 级农合联组织构建②。与此同时，2017 年"中央一号文件"提出生产、供销、信用"三位一体"综合合作，全面落实了浙江"三位一体"新构想。

2. 农合联运行实践

自市场化改革以来，供销社作为农民合作经济组织的定位逐渐模糊，演化成一个"四不像"组织。浙江省供销社试图通过发展农合联组织，落实"三位一体"综合合作，使供销社重回农民怀抱，重举合作大旗，真正走上回归合作经济组织的道路。浙江省农合联作为一个非营利性组织，下辖议事机构理事会、监督机构监事会、执行机构执行委

---

① 《全国供销合作社系统 2020 年基本情况统计公报》，中国供销合作网，http://www.chinacoop. gov.cn/news.html?aid=1708771。
② 徐旭初、金建东、吴彬：《"三位一体"综合合作的浙江实践及思考》，《农业经济问题》2018 年第 6 期，第 58～66 页。

员会和生产、供销、信用等7个部门。农合联的意义在于，"承袭"非营利特性，政府分管农业农村工作的领导担任农合联负责人，同时允可供销社的营利性，强调供销社改善资产状况，并把供销社定位为农合联执行委员会，执行农合联做出的各种为农服务的公益性决策。[①] 浙江农合联实际运行实践主要体现在两个方面：一是提供现代农业综合服务，二是构建"两大平台"。在提供现代农业综合服务方面，首先，浙江供销社按行政层级设置农合联，引领辖区内运行规范的农民专业合作社以及涉农服务组织、大户和家庭农场等营农主体加入农合联，以农合联为基础，提供现代农业综合服务。其次，在基层按地域或区域设立镇级农合联现代农业服务中心或综合服务中心，为基层会员、广大农民群体和新型农业经营主体提供相关各类农业公共服务，此外，围绕当地特色产业或优势产业组建产业农合联或产业集群综合服务中心，提供更加精准、全面的服务。构建"两大平台"，指的是在各级农合联组建资产经营公司和设立农民合作基金，这"两大平台"主要引导涉农企业的合作与发展。资产经营公司可以由供销社部门单独组建，也可以由农合联内部的同级供销社、涉农企事业单位以及其他会员投资入股组建。农民合作基金的资金由原始股金、政府财政资金、社会捐赠以及资产经营公司不低于20%的收益等其他合法收入组成，农民合作基金优先用于合作金融方面的风险补偿。浙江农合联实践的启示并不在于农合联的组织形式，而在于以农合联为"体"，深化农业生产经营体制改革，进一步提高农民组织化程度，更在于让供销社扮演农合联执行委员会角色并承担部分功能，以增量改革推动供销社深化改革、回归农民怀抱。[②]

3. 农合联发展分析

浙江省供销社深化改革与"三位一体"农合联综合合作实践同步

---

① 徐旭初、李艳艳、金建东：《供销社"去内卷化"路径探析——浙江"三位一体"改革之路》，《西北农林科技大学学报》（社会科学版）2020年第3期，第68~75页。

② 徐旭初、金建东、吴彬：《"三位一体"综合合作的浙江实践及思考》，《农业经济问题》2018年第6期，第58~66页。

推进，紧密结合。农合联作为农民合作经济组织和各类为农服务组织（企业）等共同组成的具有生产、供销、信用等服务功能的联合组织，与供销社不可避免地要相互嵌入发展。一方面，供销社在为农合联提供网络社会组织资源的基础上，和各相关主体通过农合联促使组织和业务形成规模、要素和资源等进行整合，降低生产经营成本，增强风险抵抗能力，提高市场利润；另一方面，农合联通过外部政府部门的强制推动和内部主体之间的联合发展，形成多元营农主体，由原来的独立发展和简单的业务往来向系统协同合作转变，通过相互之间选择互补的能力、资源和知识网络，实现涉农主体单位及环境之间动态、可持续的共同演进，而不是由政府或供销社大包大揽，造成资源不合理配置。并且，在农合联有效利用供销社资源的同时，其非营利特性也为供销社回归"三农"怀抱提供了机会。供销社和农合联作为经济组织的属性，决定了两者参与市场竞争的必然性，所以组建农民合作基金和资产经营公司，用于信用合作金融的风险补偿和引导涉农企业的合作发展，不仅可以构建全省产品营销、城乡商贸流通两大体系，还可以加强农业批发市场建设，加速农产品深加工发展和提高农业综合服务能力等。

虽然浙江农合联努力实行农有、农治和农享，努力增强自身综合服务功能和保障民主控制优势，又最大限度地容纳供销社的服务功能和资源优势[①]，但是"三位一体"农合联综合合作成员构成的多元性，造成多元组织间的治理蕴含着政策、市场和社会等多重逻辑，这就意味着"三位一体"农合联综合合作实践中会存在折中、机会主义、寻租和腐败等方面的问题，要想协调内部多元治理，阻止或减少以上行为的发生，进而达到治理均衡是比较困难的，必然受到多方利益主体、制度环境、市场条件等多维度因素的影响。因此，虽然"三位一体"农合联综合合作使供销社回归合作经济，回归"三农"怀抱，但如何实现其

---

① 徐旭初、金建东、吴彬：《"三位一体"综合合作的浙江实践及思考》，《农业经济问题》2018年第6期，第58~66页。

内部治理均衡、实现民主控制则需要进一步认识和思考。

（二）山东"村'两委'＋供销社＋合作社"村社共建模式

1. "村社共建"实践概况

"党建带社建、村社共建"（简称"村社共建"）是山东省莒南县基于全村集体和农民增收难、村级党组织服务功能不强等问题率先创新提出的发展模式，是山东省供销社综合改革试点的六大工程之一。从2013 年推进这项工作起，莒南县就以其更好地发挥村社共建助力农村服务型基层党组织建设、发展壮大村级集体经济、增加农民收入的作用，实现了抓党建促脱贫的目标。2020 年莒南县供销社"村社共建"服务标准化试点建设案例入选《2020 年国家标准化试点示范建设案例汇编》。同年，山东省供销社在村社共建发展的基础上，提出"党建统领，四社共建（供销社＋农村社区＋农民合作社＋信用社）"，构筑为农服务运行新机制。

2. "村社共建"运行实践

山东省村社共建运行实践主要体现在三个方面。①以解决"三农"问题为导向。依托村级党组织，供销社与村集体共建农民专业合作社、农产品批发市场和农资超市，并通过开展土地托管，提供规模化服务，发展现代农业，实现村集体、供销社、合作社和农民共赢的局面。与此同时，坚持农村党组织的领导，努力构建"村级党组织＋供销社＋农民合作社"的发展模式。②以强村富民为目标。一是共建农民合作社。一方面是以乡镇供销社领办创办农民合作社，村"两委"组织农民以土地、资金、农机等方式入股加入合作社，并建立按股分红和按交易额返利的二次分配制度；另一方面，以村集体为主导，委托村干部作为代表，和农民通过资本联合、劳动联合和产品联合等形式，采用入股、出租等方式组建农民合作社。二是共建优质农产品基地，村集体组织引导农民把集体土地流转给基层供销社领办的农民合作社或专业大户、农业龙头企业，建设优质农产品基地，开展规模化、标准化、集约化生产经营。三是共建社区服务中心,以供销社为主体,推进日用品超市、农资超市、再生资源回收点进入农村社区,完善配套农产品购销商业和公益服务设施,实现供销社经营服务网点和公共服务向农村同步延伸。③以党建带社建为统领。一是与农村基层党组织建设相结合,坚持党组织建设与发展合作经济组织同步推进的原则,在村社共建村,探索农民合作社和产业链,组建跨区域、行业性"兼合式"党组织。二是与农村党员和人才队伍建设相结合,发挥"村社共建"党员作用、培养农村人才队伍,鼓励引导村干部、党员领办创办或带头加入农民合作社,支持党员骨干担任合作社理事长、理事,支持基层供销社聘请村干部和合作社负责人担任副职或经管员,鼓励村"两委"将基层供销社和合作社优秀党员干部安排到村任职,建立村"两委"、供销社、合作社三方双向人才共享机制,实现人才共享共育、干部交叉任职。

3. "村社共建"发展分析

山东省供销社深化改革与基础组织建设"村社共建"共同推进,密不可分。在"村社共建"发展过程中,基层供销社具有三重身份,即独立个体、社区成员和合作社成员,使其由原来独立的单边联系转换为多边的社会网络联系。基层供销社利用村"两委"贴近农民群众的组织优势,通过村"两委"牵头领办创办专业合作社,共建农产品优质基地和共建社区服务中心,使其回归"姓农"方向。其中,农民以土地、资金、农机等方式入股加入合作社,并建立按股分红和按交易额返利的二次分配制度,保障合作主体之间利益共享、风险共担的利益联结机制,共建农产品优质基地和社区服务中心,开展规模化、标准化、集约化生产经营,降低农副产品生产成本,提升盈利水平。"村社共建"项目充分发挥村"两委"、基层供销社和合作社三方人力资源优势,提高合作经营能力,解决农村基层社会合作经营管理人才缺失问题。山东省供销社还通过"村社共建"项目发展土地托管服务,在解决家庭经营细碎问题上,开辟出一条土地流转之外实现农业适度规模经营的新路径，丰富了农村基本经营制度的内涵，探索出一条可行的小农户与现代农业发展有机衔接的路径，是实施乡村振兴战略的重要探索。[①]

虽然山东省供销社改革通过创新"村社共建"发展模式，加强农村基层党组织的政治和服务功能，以合作经济推进强村富民，但改革过程中仍然存在基层供销社和村"两委"参与动力不足的问题，难以调动其开展"村社共建"的积极性和主动性，导致难以充分利用供销社综合改革政策带来的机会。并且，现阶段供销社内部存在产权关系尚未理顺、外部存在相关利益主体的问题，比如农业大户、示范性合作社等与供销社职工人员结成利益共同体，截取政府部门、企业公司和社会组织等为农提供的资源，造成"弱的越弱，强的越强"的局面，加深了社会不公平程度。如何理顺山东省村"两委"、供销社内部与外部相关主体的关系，调动村"两委"、基层供销社的积极性，以使在此基础上提出的"党建统领，四社共建"为农服务运行机制发挥作用，是当前山东省"村社共建"发展模式面临的最主要问题。

（三）贵州"三社联建"共建共享模式

1. "三社联建"实践概况

"社社联建"是贵州省榕江县在决战决胜脱贫攻坚的关键时期，围绕按时高质量打赢脱贫攻坚战，认真落实农村产业革命"八要素"，全面激活农村生产力，进一步增强信用社服务农村的意识，发挥信用社的人才资源优势，着力解决合作社不知道发展什么产业、不知道怎么记账等突出问题，创新提出的"合作社＋信用社"合作发展模式。从2020年开始推进这项工作起，榕江县就希望信用社指导帮助合作社规范管理，畅通合作社融资渠道，同时发挥信用社和合作社在脱贫攻坚中的作用，为乡村振兴奠定基础。在持续巩固拓展脱贫攻坚成果同乡村振兴有

---

① 孔祥智：《农民合作、土地托管与乡村振兴——山东省供销社综合改革再探索》，《东岳论丛》2018年第10期，第18~24、191页。

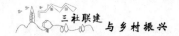

效衔接的实践中，"社社联建"这一模式（版本）已经更新升级为"三社联建"。巧借供销社改革之机，榕江县探索实施"信用社＋供销社＋合作社"三社互联互动。

2."三社联建"运行实践

为按时高质量打赢脱贫攻坚战、接续乡村振兴和解放农村生产力促进农村改革，2020年以来贵州省榕江县政府认真落实农村产业革命"八要素"，创新实施"社社联建"，即农民专业合作社与农村信用社根据各自的特点，扬长补短、对症施策，发挥农村信用社工作人员知识层次相对较高、市场信息灵敏、财务管理专业的优势，担任农民专业合作社的产业指导员和财务指导员，帮助合作社建立财务制度、规范收支记账和把脉产业发展方向，推动合作社发展由数量扩张向全面提升质量转变，同时收蓄资金，实现二者的良性互动，打造"合作社＋信用社"的"社社联建"发展模式，打破微观经济单元壁垒，不断激发农村微观经济活力，推动要素有效流动，为持续巩固脱贫攻坚成效、实现乡村振兴探索出一条新路子。在全面完成脱贫和持续巩固拓展脱贫攻坚成果同乡村振兴有效衔接的实践中，榕江县政府巧借供销社改革之机，探索实施信用社、供销社、合作社三社互联互动，把"社社联建"模式更新升级为"三社联建"，打造"合作社＋信用社＋供销社"的"三社联建"发展模式。榕江县进一步着力解决合作社农资采购成本高、销售渠道狭窄等问题，重点培养供销社基层社负责人为区域供销经纪人，履行"农资指导员"和"销售指导员"的职责，以类似"社区团购"的订单式采购方式为合作社以团购价采购化肥、农药、农机用具等农用物资，同时通过供销社的渠道，向合作社及时发布最新农产品销售信息、订单种植信息等，实现降低合作社农资采购成本、增加产品销售渠道的目标，为合作社带来直接的经济效益。"三社联建"发展模式催生了"三社四员"的新发展局面，实现了合作社"产业科学、运转健康、信用优良、销售顺畅"的发展目标。贵州省榕江县"三社联建"破解了合作社缺人才、缺资金、管理混乱和缺乏市场信息等难题，在促进供销社、农信社和合作社三元主体协同发展的同时，推动合作经济组织发展和乡村振兴。

3. "三社联建"发展分析

贵州省榕江县的"三社联建"是在"社社联建"的基础上发展而来的，还处于探索发展阶段。"三社联建"是新时期我国"信用社＋供销社＋合作社"三元主体协同发展的新样本。其通过产业选择、财务记账、农资供应和产品销售，联结了产、供、售链条，打破了农村生产力微观单元间的壁垒，实现了各要素间的有效流动、功能优化以及合作共赢的内在蝶变，推进现代农业经营体系建设和乡村振兴。"三社联建"在实施过程中由供销社向合作社提供优质农资产品和稳定的农副产品市场，着力解决合作社农资采购成本高、销售渠道狭窄等问题，同时由农信社员工担任合作社产业指导员和财务指导员。"两员"培训指导，不仅使合作社实现了"产业科学、信用优良、运转健康"，还使农信社提供了优质的金融服务、获取了合作社的存款，实现了二者的良性互动、共赢发展。"三社联建"合作组织体系是由县政府部门、县农业农村局、县林业局、县供销社和各乡镇（街道、社区）等主体围绕对"农信社＋合作社"联建巩固实施指导范围的扩大、产业技术服务的强化、长效信息的互通和示范社建设打造的，强化了各为农服务主体之间的沟通与合作。

虽然榕江县"三社联建"项目的实施打破了农村生产力微观单元间的壁垒，加强了农村经济发展基本单元之间的合作，但项目内各个合作社仍存在产权关系不明晰、内部管理不完善、金融供给不足、缺乏风险保障机制、产业发展盲目、合作社经营收益不高和示范社打造工作相对滞后等情况，因此下一步我们应该坚持"三社联建"原则，即坚持"公益服务、市场导向、示范引领"，加强分类指导，形成长效机制、畅通沟通渠道，搭建信息桥梁、抓好标准创建，推动示范引领和拓展

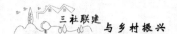

"企社（行）联建"，全面覆盖基层经营主体，为"三社联建"提供良好的内外部环境，助推榕江县巩固拓展脱贫成果同乡村振兴有效衔接。

四 供销社发展的主要趋势

（一）治理主体多元化

供销社治理主体的演变可以按照国家经济战略划分为两个阶段与若干个层次。第一个阶段是改革开放以前，在计划经济时期，供销社治理主体以国家政府为主。这时供销社的宗旨是代理国家供应农用物资、收购农产品和组织农业生产，按照国家政策和计划进行商品采购、调拨和供应，以至最终归入政府系列，与民"争利"①，导致农民群众从供销社治理主体沦为客体，甚至丧失了财产所有权。改革开放以后，商品经济的发展刺激供销社治理主体演变进入第二个阶段。第二个阶段第一个层次是改革开放初期，这时伴随着市场经济的探索发展，供销社政治地位逐渐被边缘化，政府部门赋予的某些职能被收回，并且1982年中央有关三农的文件提出，基层供销社恢复合作商业性质，在自愿原则下扩大吸收生产队和农民入股，经营利润按股金和按交售农副产品数量分红，实行民主管理，把供销社的经营活动同农民的经济利益联系起来。此后供销社还进行了恢复"三性"、"五个突破"、"六个发展"等改革，此时供销社的治理主体逐渐非行政化，主要是内部职工。第二个层次是市场经济建立发展初期，这时重要农资流通体制发生巨大变化，供销社处于亏损破产状态。自1995年和1999年以来，供销社以扭亏增盈为重点、以"企业化"为核心②进行改革，但这时供销社由其内部职工治理，职工股份合作制和"社有民营"等做法淡化为农服务的职

---

① 陈宏军：《主体缺位——供销合作社基层社改革的最大障碍》，《农业经济问题》2003年第2期，第75～76页。

② 杨占科：《供销社改革目标模式的几点思考》，《农业经济问题》2003年第6期，第56～60、80页。

责。第三个层次是党的十八大以来，我国进入全面建成小康社会的关键时期和深化改革开放、加快经济转变发展方式的攻坚时期，这一时期的供销社与"三农"联系更加紧密，地位作用日益凸显，尤其是在促进农民增收致富、现代农业建设、城乡融合发展方面。现阶段供销社发展参与主体多元化，也就代表治理主体的多元化，如浙江农合联开放的组织边界和山东"村社共建"所领导的土地托管、为农服务中心等，建立在参与主体多元化以及农民社员主体动力归位的基础上协同推进治理主体多元化。

（二）治理方式社区化

治理方式总是以地区政治经济和社会关系为背景和基础的，因此，供销社的治理方式不仅要符合农村经济社会发展要求，还要符合社会主义政治文明建设方向。供销社发展与农业部门相比拥有天然优势。首先，与广大分散的农民有着相对紧密的联系，便于沟通和管理。其次，随着城乡社区的建设，村民与城镇居民生活距离的拉近，彼此之间的交流增多，社员带动作用更加明显，这为农民专业合作社和农村自治组织的发展创建了有利条件。此外，将供销社治理转为社区内事务，与城乡居民的日常生活更为贴近。例如，山东省基层供销社通过村"两委"领办参办合作社，通过供销社和合作社等其他自治组织的引导，提高了城乡居民参与社区事务的积极性。最后，将村委会转变为社区委员会，拉近了与农民之间的距离。供销社通过与城乡社区进行互动，引导城乡居民积极参与社区治理，培养城乡居民的主体意识，通过整合资源，建立社区内互助合作的综合服务体系，实现城乡居民的自我发展和自我服务，增强社区整合问题的能力，缓解发展不平衡不充分与人民日益增长的美好需求之间的矛盾，让农村地区享受到现代化文明的成果。

（三）治理绩效复杂化

绩效最初被认为是一种行为或结果，随着理论研究的深入，绩效的含义更加丰富。现代观点认为绩效是动态的，基于组织的有效活动，从

过程、产品和服务中得到输出结果,可以用来进行现状评估,也可以与目标、标准、过去结果以及其他组织纵横对比。[①] 从绩效的角度看待供销社发展就要将行为、过程和结果结合起来。从发展主体来看,供销社发展涵盖多类组织群落、机构和个人,其发展主体可分为供销社、村"两委"、农户个体、合作社、经济组织、为农服务组织、非营利组织等。例如,贵州省榕江县的"三社联建"就是合作社、信用社和供销社三者之间联动发展,因此,供销社发展的绩效是多元主体的绩效。从发展过程来看,供销社发展与各类组织直接或间接发生关系,其发展的绩效不是组织个体绩效的简单叠加,而是多组织的联合绩效。从发展结果来看,随着我国社会主要矛盾的变化,全面脱贫迈进小康社会,供销社发展追求更完备的为农服务功能、更高效的市场化运作合作经济组织体系。更高目标的提出使供销社发展绩效的含义更加丰富,绩效评价也就更加复杂,但是更加复杂的绩效,才是供销社综合发展推动农村发展的动力。

(四)治理环境法治化

供销社的发展一定要按照法律规定展开,法治社会是我国社会治理的必然选择。供销社治理环境法治化首先表现在法律规定供销社作为以农民社员为主体的集体所有制的综合性合作经济组织的性质、权利和义务。从性质出发,将供销社定义为经济发展组织、农业生产组织、非营利组织、农村服务组织、村民自治组织,进而明确其从事农业生产经营的权利、参与市场竞争的权利、自我管理的权利、促进农村社会经济发展的权利以及服务社员、服务"三农"的义务。其次,供销社治理环境法治化体现在法律包括农村发展规划、农村产业调整、农村职业教育、农业生产投入和农业保险等在内的领域。此外,法治化还表现在以

---

① 王进、赵秋倩:《西北地区合作社嵌入与村社组织联动治理机制研究》,科学出版社,2018。

农民社员为主体的供销社设定的发展边界。一是法律全面规定供销社发展的各项细节，明确发展过程中各个主体的权利与义务，积极制定《供销合作社条例（征求意见稿）》，出台供销合作社法，以及对发展违法行为的处罚条例，充分保障发展主体权益。二是法律规定发展的相关内容，明确规定不同主体的范围与等级之分，规定供销社发展的合法程序规则，防止发展过程中不法干预的发生。三是法律明确规定供销社发展制度的相关内容，明确规定管理机构、程序、手段，创新管理模式在构建和运转中的问题，充实供销社发展内容。最后，明确规定供销社发展的相关制度机制，包括内部监督机制、外部监督机制和罢免机制，为供销社发展构建组织层面的责任机制。

第五节 "三社联建"：榕江县实施乡村振兴战略的创新路径

推进全社会实现共同富裕是落实中国共产党以人民为中心的执政理念的具体行动，是中国特色社会主义建设的本质要求。随着我国综合国力的明显增强和经济实力的不断提升，在一部分人已经富裕起来的现实条件下，如何先富带后富，帮助低收入群体致富增收，进而实现全社会共同富裕，是新时期解决人民美好生活需要同发展不平衡不充分之间矛盾的重要课题。随着脱贫攻坚取得决定性胜利，农村已经撕掉了千年贫困的标签，如何壮大集体经济，有效推进乡村振兴，实现农村共同富裕是"三农"工作的重点。合作社作为增加农民收入、壮大集体经济、实现共同富裕的有效途径，是强化乡村治理的重要举措。共同富裕是社会主义的本质要求，是人民群众的共同期盼。改革开放以来，允许一部分人、一部分地区先富起来，先富带后富，极大地解放和发展了社会生产力，人民生活水平不断提高。党的十八大以来，以习近平同志为核心的党中央不忘初心、牢记使命，团结带领全党全国各族人民，始终朝着

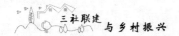

实现共同富裕的目标不懈努力，全面建成小康社会取得伟大历史性成就，特别是决战脱贫攻坚取得全面胜利，困扰中华民族几千年的绝对贫困问题得到历史性解决，为新发展阶段推动共同富裕奠定了坚实基础。党的十九届五中全会对扎实推动共同富裕做出重大战略部署。实现共同富裕不仅是经济问题，而且是关系党的执政基础的重大政治问题。共同富裕具有鲜明的时代特征和中国特色，是全体人民通过辛勤劳动和相互帮助，普遍达到生活富裕富足、精神自信自强、环境宜居宜业、社会和谐和睦、公共服务普及普惠，实现人的全面发展和社会全面进步，共享改革发展成果和幸福美好生活。

农民合作社是广大农民群众在家庭承包经营的基础上，共同成立的自愿联合、民主管理的互助性经济组织。自 2007 年《农民专业合作社法》颁布实施以来，农民合作社成为农村发展的重要组织力量，具有广连农民、抱团生产的优势，正逐步成为重要的现代农业经营组织，在乡村振兴背景下起到了带领农民建设现代农业、参与国内外市场竞争、提高农业生产和农民进入市场的组织化程度中发挥了重要作用。农民合作社这十多年的发展历程，既是与时俱进、不断创新的历程，也是不断向高质量发展迈进的历程。但与此同时，各地农民合作社面临发展不平衡、不充分、实力不强等问题，特别是部分农民合作社运行不够规范，成为推进农民合作社高质量发展的关键制约因素。尤其是疫情防控期间，各地采取的全面"断流"举措导致农产品的生产、运输和加工受到阻滞，无法保障农产品有效供给，给农民合作社的生产经营活动带来了全方位的不利影响。已有经验表明，农民合作社发展的速度和规模不是问题，关键是如何规范提升、促进良性发展，牢牢把握住质量和效益这条生命线，提升农民合作社综合治理能力，提高农民合作社自身的管理水平，从战略高度和长远角度看待农民合作社规范提升问题，坚持规范与创新并举、质量与效益并重，以制度促规范、以规范促发展，探索系统、集成、整体推进农民合作社高质量发展的方法和路径，构建激励约束相容、多方协同的政策支持体系。

一　榕江县农民合作社运行概况

榕江县是国家扶贫开发工作重点县，也是贵州省截至 2020 年 2 月尚未脱贫摘帽的 9 个县之一。2020 年是全面打赢脱贫攻坚战收官之年，也是接续推进乡村振兴的关键之年。榕江县深入学习贯彻习近平新时代中国特色社会主义思想，贯彻落实好中央和省、州各项决策部署，坚持一刻不能停、一步不能错、一天不能误，全力以赴发起最后总攻，彻底撕掉绝对贫困的标签。随着高质量打赢脱贫攻坚战已成定局，如何接续乡村振兴已成为后脱贫时代榕江县委、县政府的工作重心。长期以来，榕江县合作社存在产业不明、账目不清、资金不足，人才匮乏、谋划欠缺、动力不足，思想落后、信息闭塞、认识不深，工作人员文化素质偏低、管理松散、能力不足等问题，造成不懂记账、不懂管理、专业化水平偏低以及"自由、散漫、无序、将就"的经营乱象。统计数据显示，2020 年榕江县有 681 家农民合作社，其中正常运营的合作社只有 342 家。由于受疫情影响，多数农民合作社面临着农产品滞销、运行困难等现实难题。部分合作社存在思路不清、管理随意、经营混乱等问题，突出表现在"产业不明"和"账目不清"两个方面，即对于如何选择产业、产品如何销售等，部分合作社多依靠经验或者过度依赖政府扶持，对风险的研判也比较模糊；在账目管理上，部分合作社存在收支"过手不入账""记账不算账"的情况。习近平总书记明确指出，危和机总是同生并存的，克服了危即是机。① 榕江县委、县政府审时度势，结合农民合作社在发展过程中存在的问题及短板，不断巩固拓展脱贫攻坚成果，保持现有政策总体稳定，推进全面脱贫与乡村振兴战略有效衔接。在脱贫攻坚与乡村振兴有机衔接的背景下，榕江县委、县政府谋定而后

---

① 《习近平：危和机同生并存，克服了危即是机》，人民网，http://health.people.com.cn/n1/2020/0402/c14739 - 31658776.html。

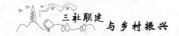

动，厚积而薄发，紧扣乡村振兴的内涵，紧贴榕江县发展的实际，进一步夯实脱贫攻坚成效，以合作社创新为抓手，大力推进"三社联建"，打破微观主体之间的组织壁垒，不断补齐短板，着眼于产业发展、人才引进以及乡村更新等具体内容，走出一条既有榕江特色又有别于其他县域的农民合作社发展壮大之路。

二 榕江县农民合作社的做法及经验

构建产业发展体系，搭建乡村振兴平台。产业振兴是乡村振兴的重点。无论是"产业兴旺、生态宜居、乡风文明、治理有效、生活富裕"的乡村振兴总要求，还是"产业振兴、人才振兴、文化振兴、生态振兴、组织振兴"的五大具体内容，无不是将产业发展置于首位。榕江县从具体情况出发，按照农村产业革命"八要素"要求，围绕"果、蔬、药、菌、猪、鸡"六大主导产业，构建了基于"龙头企业＋合作社＋农户"利益联结机制的农业发展体系。六大主导产业立足榕江资源禀赋，涵盖面广，优势突出，体现了种植业与养殖业相结合、短期发展与长远发展相结合以及不同利益主体相结合的鲜明特点。除六大主导产业外，榕江县综合考虑各村寨的自然禀赋和农户传统种养习惯，充分尊重农户的个体意愿，发挥农户的首创精神，积极发展主导产业之外的其他特色产业，如两汪乡的茶产业，忠诚镇的西瓜产业，古州镇盘正林下红托竹荪种植业，兴华乡摆贝村苗族蜡染、刺绣手工业等，形成了主导产业与特色产业相得益彰、相互融合的发展体系，既培育了县域特色产业良好的发展势头，又发挥了主导产业的辐射带动作用。此外，榕江县还高度重视现代农业产业体系建设。以百香果产业为例，榕江县先后引进 3 家百香果种植龙头企业，以国有平台公司为项目承接主体，按照"国有公司＋龙头企业＋合作社＋贫困户"的组织方式，带动 9 家产业公司、17 家村级集体公司和 20 家合作社参与生产经营；组建百香果专班，邀请相关专家进行现场授课，累计集中培训乡镇干部、合作社负责人、种植大户 158 人次，为产业发展提供了智力支持。同时，榕江县成立了面向全省全国开放的百香果研究院，打破了生产、管理、营销以及研发的发展壁垒，推动百香果全产业链发展，符合现代农业的发展趋势。

拓宽人才引进渠道，积蓄乡村振兴力量。乡村振兴，人才是关键。人才是第一资源，直接制约着其他资源的利用效率。当前，农村空心化、农业边缘化、农民老龄化是全国农村普遍面临的新"三农"问题，是制约乡村振兴的主要因素。人才本土培养固然重要，但短时间内难以满足乡村振兴的现实需求，破解制约乡村振兴的人才难题，引进外来人才是最直接、最有效的方式。榕江县委、县政府审时度势，抢抓机遇，以人才引进为突破，全面实施人才振兴工程，构建了引进青年人的"青村计划"、引进中年人的"富才计划"、引进退休老年人的"银龄计划"等完整的人才体系。具体而言，"青村计划"着眼于贵州高校密集的智力资源，引导广大青年教师和青年学子围绕"产业振兴、人才振兴、文化振兴、生态振兴、组织振兴"助力榕江县乡村振兴战略，同时为青年教师和青年学子把论文写在贵州大地上提供了平台和契机。"富才计划"是从对口帮扶榕江的桐庐县引进具有创业精神的田秀才、土专家、种植能手、养殖能手、企业家、教育工作者、医务工作者等各行各业的优秀人才来榕江发展，同时在桐庐县人社局挂牌成立了"富才计划"工作联络站，作为引进东部地区农业人才的前沿服务阵地。大力实施的"银龄计划"，面向社会公开招募一批优秀退休校长、教研员、特级教师、高级教师等到农村义务教育学校讲学，发挥优秀退休教师的引领示范作用，加强名师引进培养，促进城乡义务教育均衡发展。如榕江县第四初级中学校长孙松海作为"银龄计划"第一个被引进到榕江的教育工作者，在为榕江带来强大的教师团队、优质的教学资源的同时，还利用自身资源优势建立了桐榕帮扶爱心基金，收到各界捐款30 多万元，捐赠的物品价值 20 余万元，用于资助和奖励学生，成效十分显著。

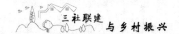

引入乡村更新理念，乡村旧貌换了新颜。榕江是一个以少数民族为主的贫困县，其中侗、苗、水、瑶四大主体少数民族占总人口的84.4%。少数民族聚集村落较多，有261个行政村、1206个自然寨。这些村寨大多远离城区，区位偏远，交通不畅，历史文化厚重，旅游资源丰富。受快速城镇化的影响，大多数村寨出现人口流失、乡村凋敝及空心化等问题。在此背景下，榕江县委、县政府主动转变思路，创新乡村振兴路径，提出了基于更新理念的乡村旅游，并予以落地实施。以榕江县计划乡加宜村为例，榕江县委、县政府以东西部合作为契机，通过引入贵州乡途旅游开发有限公司，借助EPC模式，通过应地取景、就地取材、就地用人、合理开发，将农户已经废弃的传统木结构住房进行升级改造，大力发展以民宿为主题的乡村旅游产业，避免了对原有传统村落的大拆大建，节约了成本，美化了村容，勾起了乡愁，带动了产业，富裕了群众，最终实现了保护与发展并行、传统与现代融合、更新与振兴并举的综合目标，为全国县域实施乡村振兴战略探索出"产业兴旺、生态宜居、乡风文明、治理有效、生活富裕"的发展新路贡献了榕江经验。

三 "三社联建"的特点及作用

（一）"三社"的主体作用分析

农民专业合作社作为农村经济发展的基本单元，是联结农户、龙头企业和市场的重要纽带。作为产业扶贫的重要组织形式，它们的发展状况直接影响着产业扶贫的成效。然而，经笔者长期调研发现，很多农民合作社的管理目前存在诸多问题，主要表现在财务管理不规范、账目管理较混乱、成员信任度低、产业选择主观性强等方面。结合农民合作社的具体"病症"，贵州省榕江县委、县政府精准把脉，开出"社社联建"的"药方"。

打破组织壁垒，强化财务知识输入。当前，农民合作社的成员大多由农户组成，受文化水平、思想观念、专业技能等因素影响，财务管理失范成为农民合作社健康发展的短板。作为为"三农"提供服务的金融机构，农村信用合作社与农民合作社距离最近、联系最紧。榕江县委、县政府主动打破两者之间的组织壁垒，充分发挥农信社工作人员知识层次较高、项目审查严谨、市场灵敏度强、财务管理专业等优势，以"合作社＋农信社"形式在全县范围内推广实施"社社联建"计划，通过下沉优秀的农信社工作人员，从最简单的流水账、填写支付凭证、支票等，到盈亏平衡分析等财务知识，为农民合作社提供财务指导。

组建先锋队伍，理清产业发展思路。2020 年 2 月，榕江县委、县政府高位推进"社社联建"工作，及时组建了来自榕江县 16 家行社的 92 名队员，组成"社社联建·先锋队"，仅用 1 个月时间，以"产业指导员"为切入点，帮助农民合作社理清了产业发展思路。截至 2020 年 7 月 1 日，榕江县已完成对全县 278 家农民合作社的产业指导，实现了产业选得准、成员信得过、合作可持续的发展模式。

创新农村金融普惠机制，破解合作社发展三大难题。一是破解信任基础难题。通过财务指导，规范了资金使用流程和信息公开，实现了农户之间资金使用的信息对称，消除了成员之间的不信任感，夯实了农民合作社的信任基础。二是破解金融支持难题。农信社的深度参与，使其更加了解农民合作社产业发展的风险构成和未来前景，传统意义上的农民合作社找农信社融资，已经转变为农信社主动为农民合作社提供贷款，加大了对合作社产业发展的金融支持力度。三是破解风险管理难题。农信社研究团队的产业创新指导，以及自身对市场的敏感性，再加上分散经营、长短结合的产业指导，有效减轻了农产品的市场风险，提升了农民合作社自身的风险管理水平。

（二）"三社联建"取得的成效

经过短短半年的落地实施，"社社联建"就让农民合作社的产业选择更加精准、账务管理更加规范、财务监督更加有效，农民合作社已从

过去的"散漫、无序、将就"的传统管理模式转型为"严谨、有序、精细"的科学管理模式，成效突出，为脱贫攻坚关键时期其他县域的农民专业合作的健康发展贡献了榕江经验。

"社社联建"实施不到一年，已显出裂变效应。数据显示，2020年3月至2020年12月底，榕江县278家农民合作社实现产值达6500余万元，同比增长67.77%，带动近1.5万户贫困户增收。县农信社来自农民合作社的存款超过3000万元，同比增长76%。"社社联建"激活了农村生产力。2020年，榕江县"社社联建"机制改革入编《2020年中国金融扶贫及创新年鉴》，获评"2020年中国金融扶贫及创新优秀案例"，同时入选2020年度贵州全面深化改革优秀案例。在持续巩固拓展脱贫攻坚成果同乡村振兴有效衔接的实践中，"社社联建"这一模式（版本）已经更新升级为"三社联建"。为着力解决合作社农资采购成本高、销售渠道狭窄等问题，榕江县巧借供销社改革之机，探索实施农信社、供销社、农民合作社三社互联互动，重点培养供销社基层社负责人为区域供销经纪人，担任合作社"农资指导员"和"销售指导员"，为农民合作社健康发展、强筋健骨加配助手能人，形成了"三社四员"的新发展局面。

目前，榕江县制定发布了"三社联建"工作实施方案，成立了"三社联建"工作领导小组，由县委、县政府主要领导任小组组长，明确分管农业农村工作的县委和县政府分管领导领衔推动，在全县范围内推广实施。

四 经验启示

"三社联建"改革始终以习近平经济思想为根本遵循，是对习近平经济思想在贵州山区的具体创新实践。它坚持政府引导与市场运作相结合、社会责任与经济效益相结合、简化操作与推动裂变相结合，以为民服务、互惠共赢体制机制为核心动力，以掌握运用科学的思维和工作方法为实现路径，完成了农信社、供销社、农民合作社社会功能、政治功能和经济功能的圆满结合，取得了社会效益、政治效益和经济效益的兼收合并，为中国特色社会主义经济理论增添了实践认知，为各地谋划乡村振兴提供了参考借鉴。

（一）坚持习近平经济思想与榕江具体实践相结合

习近平高度重视合作经济发展，在多种场合提出关于农民合作社的重要论述。榕江县委把习近平经济思想的理论逻辑与榕江县具体实践相结合，大胆创新"三社联建"制度设计。2020年以来，榕江县首先探索"社社联建"改革，从内部加强合作社管理，引导规范发展。2021年榕江县制定发布了"三社联建"工作实施方案等一揽子政策措施，继续从外部强化市场联结，加大扶持力度，构建生产、供销、信用"三者融合"合作经济组织体系，着力推动合作社高质量发展。目前，榕江县已成立县委、县政府主要领导任小组长、县委和政府分管农业农村工作的领导具体领衔，县社社联建服务中心具体抓落实的组织领导体系，把"三社联建"改革作为乡村振兴的重要抓手推动。

（二）坚持政府引导与市场运作相结合

在当前我国的市场经济大环境下，加强对"散小弱"农民合作社的政策扶持体现了政府对准公共物品的管理、保障农民获得更高社会报酬及维护农民合法权益的特殊意义。但从当前实际情况来看，直接财政税收等扶持政策的运作存在诸多弊端。政府在支持合作社的建立与发展时，既不可过分干预，也要避免推动不足，需从可持续发展的角度去看待这一问题。只有这样，才能科学合理地推动农民合作社的发展。

"三社联建"改革坚持政府搭台、市场化运作相结合，坚持自愿加入、民主管理、共建共享，而不是行政化的、部门化的"拉郎配"，既避免了政府"大包大揽"，又避免了政府"撒手不管"；既更好地发挥了政府作用，又促进了市场在资源配置中发挥决定性作用。政府引导扶持农信社、供销社和农民合作社市场自由组合、高效联动，一方面发挥

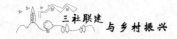

了政府"内聚－外联"的协同治理作用,另一方面推动了市场要素有效流动,正确处理了政府、市场、社会在"三农"治理体系中的关系,用好了政府有形的手,激活了市场无形的手。

(三) 坚持社会责任与经济效益相结合

推进"三社联建"改革,只有充分考虑多方利益诉求,并形成有效机制,才能获得强大的内生动力,更好持续发展。农信社作为根植农村、服务农民的金融机构,先天具有承担社会主义金融支农助农的社会责任,同时要兼顾市场效益并坚守风险管控底线。"三社联建"不仅使农信社承担了普惠金融的社会责任,也为自身业务开辟了更广阔的空间。供销社作为传统的服务"三农"的主力军,在市场大潮下遭遇体制障碍和自身局限。"三社联建"改革不仅对供销社服务"三农"提出了更高要求,也提供了难得的自我改革、自我发展的机遇。对于农民合作社来说,规范化程度低、市场、人才、资金等问题都需要政府的大力支持,需要涉农各部门的帮助扶持。因此,榕江县委、县政府从提升社会公共服务和农村资源要素整合两个维度出发,将多元利益主体纳入"三社联建"体系,优势互补、合作共赢,形成推进"三社联建"一体联动、抱团发展的内生动力。

(四) 坚持简化操作与推动裂变相结合

科学运用方式方法推进工作会起到事半功倍的效果。构建推进"三社联建"改革的体制机制,牵涉农信社、供销社、农民合作社多个部门组织,关系经济、社会、政府多种利益,涵盖金融、市场、生产多种框架设计,涉及农村金融体制改革、供销合作社体制改革、农业经营体制改革、集体产权制度改革等很多棘手问题,需要改革操盘者得要领把规律,统筹兼顾、精准施策。榕江县委本着求真务实的改革精神,深入调查研究,抓住关键核心,紧紧扭住"三社四员"关键动作,不拓展外延,不随意叠加功能职责,无谓增添执行者负担,如党建指导、消防指导、抢险指导等。坚持有所为有所不为,深挖内涵,把"三社联建"抓实做细，把该放的权力放开放到位，把该管的事切实管住管好，纲举目张、执本末从，催生裂变效应，努力使"三社联建"成为承接"三农"服务的综合平台，撬动乡村振兴的有力支点。

第六节　"社社联建"：农村集体经济发展的"榕江实践"

发展农村集体经济是党的十九大报告中做出的重大战略部署，是新时代解决"三农"问题的总抓手。发展农村集体经济能够推动农业农村现代化建设、促进农村经济发展、缩小城乡差距、增强农村治理体系与治理能力建设、提高农民参与公共管理的积极性，从而实现"三农"健康可持续发展，对加快实现乡村振兴战略的目标具有重要意义。但长期以来，我国农村集体经济水平低、地区发展不平衡等问题较为突出。统计数据显示，2017年我国有一半以上的行政村负债或没有经营收入；22%的行政村经营收入低于5万元；只有不足30%的行政村经营收入超过5万元。①

如何保障农村集体经济健康可持续发展，是当前摆在国家与人民面前的一个现实问题。近年来，我国始终将探索农村集体经济创新发展作为当前改革的重要任务。2014年，国家多部门联合下发《积极发展农民股份合作赋予农民对集体资产股份权能改革试点方案》，该方案的颁布标志着农村集体产权制度改革的试点正式启动，为发展农村集体经济打下了坚实基础。② 2016年，中共中央、国务院印发《关于稳步推进农村集体产权制度改革的意见》，对农村集体产权制度改革进行了顶层设计和部署，为农村集体经济发展指明了方向。2017年，为更好地落实

---

① 刘义圣、陈昌健、张梦玉：《我国农村集体经济未来发展的隐忧和改革路径》，《经济问题》2019年第11期，第81~88页。
② 郭晓鸣、王蔷：《深化农村集体产权制度改革的创新经验及突破重点》，《经济纵横》2020年第7期，第52~58页。

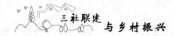

和部署农村集体产权制度改革，农业农村部和中央农村工作领导小组办公室在全国选择具有代表性的 100 个县（市区）作为农村集体产权制度改革的第二批试点单位，此次改革的内容和任务进一步拓展，对农村集体经济全面开展清产核资、明确集体成员的身份、增加集体资产股份的权能等。2018 年，农村集体产权制度改革的试点范围进一步扩大，确定 3 个省份、50 个地市以及 150 个县（市区）作为改革的第三批试点，改革的主要内容由"探索确定集体成员身份"调整为"全面确认集体成员身份"。2019 年，第四批改革试点正式启动，试点范围进一步扩大，将全国 12 个省份、39 个地市以及 163 个县（市区）纳入农村集体产权制度改革范围。2020 年"中央一号文件"提出，要全面推开农村集体产权制度改革试点。同年 3 月，《农业农村部办公厅关于做好 2020 年农业农村政策与改革相关重点工作的通知》提出农村集体产权制度改革要在全国全面推开，标志着我国农村产权制度改革进入最后的攻关阶段。国家颁布的一系列政策法规为农村集体产权制度改革起到了保驾护航的作用，农村集体产权制度改革也因此取得了突破性进展。中农办与农业部自 2017 年组织开展对全国农村集体资产的清产核资工作，历时三年摸排核查。全国共有集体土地总面积 65.5 亿亩，账面资产 6.5 万亿元；集体所属全资企业超过 1.1 万家，资产总额 1.1 万亿元。清产核资后全国农村集体资产总额增加 0.8 万亿元，增幅 14.2%，其中固定资产增加近 7500 亿元。全国已有超过 41 万个村完成农村集体产权制度改革，确认成员超过 6 亿人。① 农村产权制度改革摸清了农村集体经济的家底，把集体与农民之间的关系梳理得更加清晰，保障了农民的切身利益，壮大发展了农村集体经济，为全面建成小康社会、实现"两个一百年"奋斗目标打下了坚实基础。

---

① 《扎实开展全国农村集体资产清产核资工作——农业农村部有关负责人答记者问》，中华人民共和国农业农村部，http://www.woa.gov.cn/xw/2wdt/202007/t20200710_6348455.htm，最后访问日期：2022 年 10 月 19 日。

我国农村集体经济发展经历了漫长的探索过程，取得了显著成效。位于贵州省的榕江县创新发展"合作社＋农信社"形式，构建了"社社联建"机制，由农信社工作人员担任农民专业合作社产业指导员和财务指导员，帮助合作社规范管理、推动产业发展，同时提供金融服务，实现二者良性互动、共赢发展。2020年将带动全县未脱贫3974户、11793人实现就业，金融贷款扶持2亿元以上，撬动社会资本参与达2亿元以上。"合作社＋农信社"的发展模式，为榕江县发展农村集体经济提供了要素支持与保障，农村集体经济持续增长，农民收入增加，农村社会治理不断完善等，对有效解决"三农"问题提供了保障，为全面建成小康社会打下了坚实基础。因此，本节以榕江县为例，系统梳理农村集体经济理论，回顾榕江县发展"合作社＋农信社"的主要做法及取得的成效，分析存在的问题，从理论和实践两个层面凝练特色、形成创新性成果，这对与其他地区分享发展农村集体经济经验，促进农村社会发展，早日实现乡村振兴伟大战略目标具有重要意义。

（一）农村集体经济的缘起与研究演进

1. 缘起与概念

我国农村集体经济发展理论是毛泽东、邓小平等根据中国农村经济发展的具体情况不断探索的结果，是马克思主义经济理论中国化的成果之一。[①] 关于对农村集体经济的界定，专家学者给出了不同看法。根据《宪法》，黄延信认为，农村中的生产、供销、信用、消费等各种形式的合作经济，是社会主义劳动群众集体所有制经济。[②] 张安毅提出具有传统性质的人民公社集体经济才是真正意义上的农村集体经济。[③] 韩俊认为，农村集体经济是排除私人产权的经济模式，如承认私人产权就不

---

① 张旭、隋筱童：《我国农村集体经济发展的理论逻辑、历史脉络与改革方向》，《当代经济研究》2018年第2期，第26～36页。

② 黄延信：《发展农村集体经济的几个问题》，《农业经济问题》2015年第7期，第4～8页。

③ 张安毅：《我国农村集体经济组织的角色扭曲与社会变革背景下的立法重构》，《理论与改革》2017年第3期，第130～137页。

能算是集体经济，只能算是合作经济。① 王曙光等则认为以公有制为主体，以公有资产占据主导地位的经济模式和个人产权的联合，实现股份合作，按照产权分配的经济模式都是农村集体经济。②

新中国成立以来，为摆脱农村贫困落后的局面，国家审时度势、与时俱进，根据农村经济发展需要，并且秉承尊重人民群众的意愿原则，对我国农村经济政策进行调整和完善。因此，关于发展农村集体经济的研究一度成为学界研究的热点问题，并掀起了研究热潮，认为发展壮大农村集体经济不仅是当下解决"三农"问题、实现乡村振兴战略的关键，③④ 也是缓解相对贫困、建设社会主义现代化强国的重要支撑，还是顺应农村经济发展规律、遵循市场要素变化的必然要求。⑤ 随着研究的不断深入，国内学者对农村集体经济的研究视角、内涵由最初的概念、类型、性质等比较单一的领域扩展到涵盖经济、制度等多个领域。

2. 发展与成熟

随着农村集体产权制度改革的持续推进并不断完善和调整，农村集体经济实现了跨越式发展。因此，关于农村集体经济的研究受到国内专家学者的高度关注。

首先是关于发展农村集体经济的作用研究。贺卫华从乡村振兴战略的角度出发，提出发展壮大农村集体经济是产业兴旺的动力引擎、生态宜居的根本保障、乡风文明建设的物质基础、治理有效的途径、生活富裕的可靠来源。总之，发展壮大农村集体经济为实现乡村振兴战略打下

---

① 韩俊：《关于农村集体经济与合作经济的若干理论与政策问题》，《中国农村经济》1998年第12期，第3~5页。
② 王曙光、郭凯、兰永海：《农村集体经济发展及其金融支持模式研究》，《湘潭大学学报》（哲学社会科学版）2018年第1期，第74~78页。
③ 杜园园：《社会经济：发展农村新集体经济的可能路径——兼论珠江三角洲地区的农村股份合作经济》，《南京农业大学学报》（社会科学版）2019年第2期，第63~70、157页。
④ 贺卫华：《乡村振兴背景下新型农村集体经济发展路径研究——基于中部某县农村集体经济发展的调研》，《学习论坛》2020年第6期，第39~46页。
⑤ 高强：《农村集体经济发展的历史方位、典型模式与路径辨析》，《经济纵横》2020年第7期，第42~51页。

了坚实基础。① 马桂萍、崔超认为坚持发展农村集体经济，能够保证农业农村领域改革沿着社会主义正确方向前进，进一步巩固社会主义基本经济制度不动摇，缩小城乡收入差距，带领农民走向共同富裕。② 丁波则认为农村集体经济有利于改变基层组织治理成效，增强组织的治理能力，促进村民自治，实现乡村治理体系和治理能力现代化。③ 唐丽霞指出农村集体经济在提供社会保障功能方面发挥着重要作用，如农村集体经济发展可以对村民的养老保险、医疗保险给予一定的支持和补助，提高村民的医疗保障水平；为村民购买商业保险，为他们提供新的保障；可以增加村民的就业机会，进而增加村民收入；可以增强村民的凝聚力。④

其次是关于农村集体经济发展面临的主要困境研究。郭晓鸣等提出当前我国大部分地区农村集体经济发展水平较低、"空壳化"现象普遍发生，并指出大部分地区共同面临着农村集体利益与农户个人利益相互之间的联结矛盾突出、单村发展集体经济实力较弱、农村集体经济不能主动借助城市要素资源的优势以盘活集体内部资源、惠农政策单一，无法与发展农村集体经济更好地融合。⑤ 仝志辉、陈淑龙指出目前农村集体经济主要存在经营收入少、区域间发展不平衡、差距大；内生动力发展不足，缺乏激励机制；体制机制不健全等问题。⑥ 谭秋成认为农户在土地上经营行为短期化，土地资源浪费现象严重，农户权益得不到保

---

① 贺卫华：《乡村振兴背景下新型农村集体经济发展路径研究——基于中部某县农村集体经济发展的调研》，《学习论坛》2020 年第 6 期，第 39～46 页。

② 马桂萍、崔超：《改革开放后党对农村集体经济认识轨迹及创新》，《理论学刊》2019 年第 2 期，第 40～46 页。

③ 丁波：《乡村振兴背景下农村集体经济与乡村治理有效性——基于皖南四个村庄的实地调查》，《南京农业大学学报》（社会科学版）2020 年第 3 期，第 53～61 页。

④ 唐丽霞：《乡村振兴背景下农村集体经济社会保障功能的实现——基于浙江省桐乡市的实地研究》，《贵州社会科学》2020 年第 4 期，第 143～150 页。

⑤ 郭晓鸣、张耀文、马少春：《农村集体经济联营制：创新集体经济发展路径的新探索——基于四川省彭州市的试验分析》，《农村经济》2019 年第 4 期，第 1～9 页。

⑥ 仝志辉、陈淑龙：《改革开放 40 年来农村集体经济的变迁和未来发展》，《中国农业大学学报》（社会科学版）2018 年第 6 期，第 15～23 页。

障，家庭经营资金少、规模小等因素制约着农村集体经济的发展。[1]

最后是关于发展农村集体经济的路径研究。孔祥智基于"产权明晰＋制度激励"理论框架对贵州六盘水、广西壮族自治区贵港市覃塘区、山东省东平县三个案例进行研究，提出推动农村集体经济发展要稳定产权结构、构建农村集体经济发展的长效机制、重视改革后农村集体经济组织的合法经营建设以及优化农村集体经济组织发展的制度环境。[2] 张瑞涛、夏英运用定性比较分析（QCA）方法对影响农村集体经济有效发展的因素进行组合分析，根据影响因素的重要性提出要强化农村集体经济建设人才、提高集体资产的利用率、政府增加财政投入等方面的对策建议。[3] 高鸣、芦千文提出实现农村集体经济健康可持续发展要深入推进农村集体产权制度改革，确定农村集体经济组织特别法人实现形式，创新农村集体经济运行机制，消除农村集体经济"空心村"，因地制宜推进农村集体经济发展，营造适应农村集体经济发展的政策环境。[4]

（二）榕江县发展农村集体经济的主要做法及成效

发展壮大农村集体经济是实现乡村振兴战略的有效手段。榕江县位于贵州省东南部，是国家扶贫开发重点县、滇黔桂石漠化片区深度贫困县，主要以山地为主，地质结构复杂，人地矛盾尖锐，农村缺乏产业支撑，贫困问题严重。为了提高农村生产力，彻底解决贫困问题，榕江县以发展农村集体经济为突破口，落实农村产业革命"八要素"，重点发展本县"六大产业"，以农民专业合作社为关键主体，探索出"社社联

---

[1] 谭秋成：《农村集体经济的特征、存在的问题及改革》，《北京大学学报》（哲学社会科学版）2018 年第 3 期，第 94～103 页。

[2] 孔祥智：《产权制度改革与农村集体经济发展——基于"产权清晰＋制度激励"理论框架的研究》，《经济纵横》2020 年第 7 期，第 2、32～41 页。

[3] 张瑞涛、夏英：《农村集体经济有效发展的关键影响因素分析——基于定性比较分析（QCA）方法》，《中国农业资源与区划》2020 年第 1 期，第 138～145 页。

[4] 高鸣、芦千文：《中国农村集体经济：70 年发展历程与启示》，《中国农村经济》2019 年第 10 期，第 19～39 页。

建"的发展机制，实现农民专业合作社创新发展。

1. 榕江县"社社联建"机制设计思路

农民专业合作社作为重要的新型农业经营主体，能够促进农村经济健康可持续发展，增加农民的就业机会，提升农民的组织化程度，带动农民增收致富，为按时打赢脱贫攻坚战做出重要贡献。自2017年修订《农民专业合作社法》以来，国家大力支持农民专业合作社发展，我国的农民专业合作社规模和数量取得前所未有的突破性进展。但农民专业合作社快速发展的背后隐藏的发展桎梏，制约着农民专业合作社的健康可持续发展。农民专业合作社社员主要以当地农民为主，受教育程度普遍不高，导致出现对市场发展趋势的把握不准、对地区产业政策的了解不够透彻、财务管理混乱等难题。农村信用社的网点遍布乡村，其工作人员具有知识文化水平较高、对市场信息及发展趋势把握精准、项目审查能力强等多重优势。榕江县积极引导二者高效互动，由农村信用社工作人员担任农民专业合作社产业指导员和财务指导员，帮助合作社规范管理，推动产业发展，同时提供金融服务，实现二者互利共赢（见图5-5）。

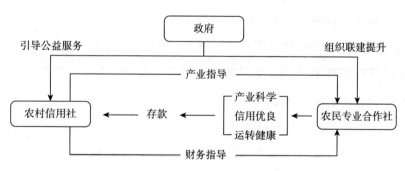

图5-5 榕江县"社社联建"机制

2. 榕江县"社社联建"主要做法

实施"社社联建"首先由政府牵头，做好顶层设计，确保实现全县农民专业合作社全覆盖。其次，农村信用社发挥着实践指导作用，帮助合作社实现"产业科学、信用优良、运转健康"的良性发展。再次，

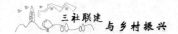

村"两委"做好与上级的对接工作。最后,农民专业合作社要向政府与农村信用社提供正确、翔实的信息,以便更好地开展产业与财务指导工作。各组织机构各司其职,在"社社联建"中保持信息对称,做到良性互动,保障农村集体经济健康可持续发展(见表5-4)。

表5-4 榕江县"社社联建"主要做法

机构	主要做法
政府	精心制订方案,规划顶层设计,明确工作职责,责任细化到人,分步实施、快速推进,确保实现全县农民专业合作社全覆盖
农村信用社	①前期调研:一是信用社网点员工先对辖区内的农民专业合作社开展全覆盖走访,了解社情、需求,进行全面的摸底调查,做好登记并建立台账;二是信用社网点负责人、主办会计跟进前期调查了解的情况,引导合作社加入"社社联建";三是信用社组织相关部室人员对片区上规模的合作社开展重点走访,跟进服务;四是信用社领导班子分片区走访并督导网点按要求推进。 ②服务对接:一是精准服务,上门为合作社培训财务知识,帮助财务人员查找合作社的漏洞和短板,并提出解决办法;二是专业服务,向合作社派出产业指导员;三是优质服务,为合作社畅通融资渠道,为其设计"深扶贷""复工战役贷""易居贷""决胜脱贫贷"等信贷产品。 ③培训考核:对产业指导员和财务指导员进行系统培训,切实提高对合作社的指导能力和水平;加强考核评比,建立产业指导员和财务指导员考核评比细则,建立奖励机制,激发"两员"的工作激情
村"两委"	安排专人对接"社社联建"工作
农民专业合作社	积极配合政府与农村信用社委派的产业指导员与财务指导员,将农民专业合作社产业发展状况与财务状况汇报给"两员",以便更好地开展指导工作

3. 榕江县"社社联建"实施以来取得的成效

榕江县有681家合作社,正常运营的合作社只有342家,半数以上属于典型的"空壳化"合作社。长期以来,榕江县农民专业合作社存在产业不明、账目不清等问题,严重制约着农民专业合作社的可持续发展,影响了决战脱贫攻坚的顺利进行,阻碍了乡村振兴战略目标的实现。自2020年2月以来,榕江县创新实施"社社联建",截至2020年7月已有101家农民专业合作社与农村信用社进行联建,联建后的农民专业合作社产业选择清晰、财务管理规范,所产生的社会经济效益更加明显（见表 5 - 5）。"社社联建"有效地激发了农村经济发展活力，推动了农村市场要素的有效流动，为实现乡村振兴探索出一条新路。

表 5 - 5 榕江县"社社联建"实施以来取得的成效

指标	主要成效
产业指导	围绕贵州省委确定的蔬菜、茶叶、食用菌等 12 个农业特色优势产业以及榕江县确定的"果、蔬、药、菌、猪、鸡"六大扶贫产业，通过政府宏观调控与市场发展需求相结合，制定产业发展类别清单，由产业指导员指导农民专业合作社做好产业选择，推进产业规模化发展。自"社社联建"实施以来，农村信用社工作人员共指导 98 家农民专业合作社的产业发展方向，围绕省委谋划的重点产业和榕江县拟定的六大产业布局选择产业的合作社占比为 74.26%，有效带动就业 2249 人次、实现增收金额 2196.76 万元，解决贫困户 1311 人就业，帮助贫困户实现增收 1151.6 万元
财务指导	财务管理混乱是障碍农民专业合作社发展的一个重要因素。榕江县农村信用社向全县所辖乡镇派出 17 名财务指导员，明确 96 家合作社财务人员，定期到农民专业合作社进行指导，帮助建立财务制度、规范财务记账工作，指导农民专业合作社建立完善财务制度 79 家，建立规范账本 76 家，完成现有资金记账 73 家，让合作社产权清晰、责任明确
金融支持	农村信用社为农民专业合作社提供优质结算服务和融资绿色通道，明确特惠贷、深扶贷以及"摇钱树"系列信贷产品，对合作社产业发展加大贷款支持力度。自"社社联建"工作开展以来，已有 11 家合作社的股东在农村信用社获得以上产品 1017.3 万元，为合作社扩大生产经营管理提供了有力的支持。农村信用社预计每年可为榕江县合作社节约 500 万元以上融资成本，吸收存款 4000 余万元

4."社社联建"主要成效的案例分析

（1）产业指导成效

发展农村产业是提高农民收入水平、发展农村集体经济、加快现代化农业体系建设以及实现乡村振兴战略目标的重要渠道。贵州省持续推进农村产业革命，并坚定不移地发展农村产业，将发展农村产业作为打赢脱贫攻坚战的重要"武器"。在此背景下，政府通过招商引资、发展新型农业经营主体等形式发展农村产业，希望通过发展产业带动农民就业、增加农民收入，早日打赢脱贫攻坚战，但政府出台的政策大多是从宏观角度出发的，在实施过程中忽视了地方发展需求。农民是发展农村产业的实施主体，其文化水平及接受新事物的能力有限，部分地方政府

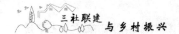

在发展农村产业时只注重政策落实，不注重具体如何实施，缺乏产业指导，导致农村产业发展受阻，给国家与农民利益带来损失。榕江县政府高度重视产业发展，通过"社社联建"产业指导，为农民专业合作社选择适合发展的产业，提高合作社的社会经济效益。例如，榕江县高文村惠农种养殖农民专业合作社在 2020 年以前大力发展香葱产业，是榕江县香葱产业最大品牌的合作社，但是受疫情影响，香葱无处销售，很多香葱都烂在地里，造成巨大的经济损失。合作社为更好地实现发展，通过"社社联建"产业指导，完成产业转型，发展位于榕江"六大产业"之首的百香果产业。合作社现已种植百香果 1530 亩，总投资 280 万元，每亩预计获得项目资金 2400 元，获得国家项目资金 23.64 万元，实现了每日带动 50～60 人就业。

（2）财务指导成效

农民参加合作社可以降低生产经营成本，有效规避利益受损等风险。① 但随着农民专业合作社的快速发展，财务管理问题一直影响着合作社的可持续发展，主要原因包括合作社财务人员受教育程度较低、缺乏从业经验等。财务管理是维系社员关系及农民专业合作社正常运转的关键，是合作社发展的基础。解决好财务管理问题，能够帮助合作社正常运转，更好地发展产业。实施"社社联建"以来，财务指导员悉心指导，使"不知道怎么记账""不知怎么填写支票"等问题得到有效解决，保证了合作社的正常运营。例如，阳光蔬菜种植农民专业合作社是榕江县古州镇月寨村的一个农民专业合作组织，合作社成员全部由月寨村蔬菜种植能手的妇女组成。目前入社社员 65 户，其中包括 17 户、64 人建档立卡贫困户。合作社现有蔬菜基地 360 亩，按照"科学轮种、接茬栽培"种植模式可实现一年三熟，亩产值达到 15830 元。由于没有人记账，过去都是按每茬"卖多少分多少"来分配利润的，社员无法知

---

① 余磊：《浅析农村农业合作社的财务管理问题——兼评〈农民专业合作社财务管理与会计〉》，《农业经济问题》2018 年第 7 期，第 143～144 页。

晓账务明细，导致合作社内部互相怀疑。"社社联建"实施以来，通过4次一对一的培训指导，合作社已能做到规范记账，让股东看明白、算清楚账务，提高了合作社在行社的信誉度。财务指导员还指导合作社如何开拓市场及销售，让合作社更好、更快、更健康地发展。

（3）金融支持成效

随着农民专业合作社的迅速发展，其功能逐渐覆盖到多个领域，合作社对资金的需求也越来越强烈，资金缺乏与融资能力不足成为阻碍合作社持续发展的一个重要因素。[①] 大部分农民专业合作社的融资渠道主要包括农民缴纳股金、土地入股等形式，但这些形式的融资金额少、不稳定，无法满足合作社扩大生产的需求，只能保障合作社基本的生产和销售需要。因此，为保障自身正常运作，农民专业合作社亟须拓宽融资渠道，解决合作社资金缺乏问题。榕江县实施"社社联建"后，农村信用社为农民专业合作社畅通融资渠道，并根据合作社的不同需求，提供"深扶贷""复工战役贷""易居贷""决胜脱贫贷"等信贷产品，为合作社发展保驾护航。例如，榕江县国良胡蜂养殖农民专业合作社的养殖基地位于八开镇亚类村九华山坡脚，大棚面积500多平方米，养殖面积1万多亩，每年培育蜂王5万~10万只，培育初级蜂群5200巢，生产蜂蛹60吨，解决了2580人的就业问题，带动贫困户70户、296人，品种主要有金环虎头蜂（金环、红娘、杂交）、葫芦（又称黄脚）等。合作社累计获得八开镇信用社155万元扶贫再贷款支持，通过深加工与包装形成统一品牌，实现产值上百万元。

5. "社社联建"取得的成效评价

榕江县实施的"社社联建"涉及社会、经济、文化等领域，为农村经济发展做出了较大贡献，尤其是对农村集体经济的发展提供了发展思路。该模式创新性地利用了政府与市场资源，整合了农村发展要素，

[①] 路征、余子楠、朱海华：《社群经济视角下我国农民专业合作社融资问题研究》，《农村经济》2018年第7期，第62~68页。

帮助农民专业合作社走上了新的发展路径，促进了农村集体经济健康可持续发展，使农民生活得到了显著改善，扶贫产业形成了规模效益，脱贫攻坚与产业发展建设协同推进，农村就业岗位增加，农村基础设施建设不断健全，"两不愁、三保障"基本上得到解决，取得了显著的社会经济效益，整体上推进了乡村振兴战略的步伐，具有十分重要的导向作用。

首先，地区特色产业迅速发展。2020 年 2 月以来，围绕按时打赢脱贫攻坚战，为激发农村集体经济发展活力，进一步增强农村信用社服务农村的意识，榕江县结合当地发展需要，将"果、蔬、药、菌、猪、鸡"作为六大主导产业。通过实施"社社联建"，六大主导产业实现了规模发展。据调查，截至 2020 年 8 月，全县农民专业合作社种植百香果的有 12 家，规模 3803 亩；种植蔬菜的有 11 家，规模 652 亩；种植中药材的有 47 家，规模 19825.07 亩；种植食用菌的有 15 家，规模 251.19 万棒；养殖生猪的有 68 家，规模 13065 头；养殖家禽的有 35 家，规模 10.25 万羽；发展其他类别的有 157 家。伴随着"社社联建"的持续推进，榕江县特色产业逐渐形成规模效益，产品远销国内各大市场，品牌效应日趋提升，形成了良好的产销对接。

其次，吸纳农民就业，缓解了农村的就业压力，增强了农民收入的可持续性，为打赢脱贫攻坚战奠定了坚实基础。"社社联建"站在全县"三农"问题上谋思路、谋发展，急农民之所急、解农民之所困，帮助农民专业合作社因地制宜选择合适的产业，并做好内部财务指导，使当地的特色产业得到迅速发展。产业规模的扩大不仅带来了良好的经济效益，而且带来了良好的社会效益，为当地增加了就业岗位，吸纳了农民就业，缓解了农村的就业压力。截至 2020 年 8 月，农民专业合作社发展逐渐规范化，规模效益明显，带动了农户 17110 户、70041 人就业，其中带动贫困户 14832 户、61460 人。另外，当地产业的发展也吸引了一批外出务工人员返乡就业、创业，这不仅可以增加他们的收入，也方便他们照顾老人和小孩。"社社联建"的创新实践提高了当地农民的幸福感、获得感、安全感，使贫困户的就业得到保障，为打赢脱贫攻坚战奠定了坚实基础。

再次，政府搭建产销对接平台，保证了产业健康平稳发展。产业不仅要实现适度规模发展，而且要保证生产出来的产品能卖得出去。自"社社联建"实施以来，榕江县政府发挥主导作用。在农民专业合作社产销对接上，政府相关部门帮助合作社销售的价值达到484.25万元，有效解决了产品销售难与市场信息不对称的问题，保障了生产者的利益，降低了农业生产风险，提高了农民的生产积极性。

最后，农村集体经济规模扩大、效益提升。农村集体经济和农民专业合作社是与农民紧密联系的两类经济组织，是打赢脱贫攻坚战的重要载体。[①] "社社联建"帮助当地农民专业合作社找到了发展出路，由产业指导员与财务指导员"一对一"对合作社进行详细指导，改变了榕江县过去合作社产业发展落后、发展的产业与市场发展趋势相违背、内部财务管理混乱、经济效益低等问题。通过精准施策，农民专业合作社得到健康良性发展，效益与规模也逐渐提升，吸纳了更多农民就业，缓解了农村的就业压力，增加了农民收入，农村集体经济规模不断扩大、效益不断提升。

（三）"社社联建"实践探索与理论创新

"社社联建"是一项系统工程，涉及经济、社会、文化等领域。经过漫长的实践探索过程，榕江县人民在中国共产党的领导下，通过中央、贵州省委与地方政府的上下联动、社会组织与个人的广泛参与，实现了产业发展有方向、农民致富有路子、脱贫攻坚有底气的发展目标，在实践中探索出一条不同于其他地区发展农村集体经济的新模式，做出

---

① 丁忠兵：《农村集体经济组织与农民专业合作社协同扶贫模式创新：重庆例证》，《改革》2020年第5期，第150~159页。

了具有中国特色的理论创新,为丰富和发展农村集体经济理论贡献了中国智慧。从榕江县实施的"社社联建"中可以看出,新模式的探索集结了中国人民长期以来的探索精神和社会主义制度的优越性。

1. 坚持以实践为基础创新发展农村集体经济理论

"社社联建"是一项关乎榕江县农民专业合作社以及千家万户利益的政策举措。其实践过程既体现出我国对农村集体经济理论的继承与创新,又彰显出理论与实践的辩证统一,是中国特色社会主义制度优越性的具体体现。它既充分反映了社会发展需要和人民群众的意愿,又顺应了时代快速发展的要求。榕江县发展农村集体经济摒弃了传统的从局部出发的狭隘思想,而是从整体出发、辩证思考。例如,在实行"社社联建"中,县政府、农村信用社、村"两委"以及农民专业合作社四大组织机构相互配合,县政府进行宏观指导、农村信用社具体实施、村"两委"负责对接、农民专业合作社积极配合,看似各司其职,实则是一个整体,少了任何一个组织机构或者有一个组织机构不配合,"社社联建"就无法正常开展,充分体现出整体思想与辩证思维在农村集体经济理论中的应用,这是理论创新与实践要求的完美结合。又如,"社社联建"中产业指导强调的是因地制宜,不能搞"一刀切",不能因为别处产业发展得好,就模仿别人,追求的是高效。按照因地制宜的原则指导种植对农民有益的经济作物,形成产业发展与农民可持续增收、市场需求与生产需要、社会参与政策支持的实践模式。

2. 坚持问题导向、目标导向、效果导向,牢牢抓住最紧迫的发展问题

坚持问题导向就是要树立问题意识,善于发现问题、查找问题,然后通过集体力量和资源解决"社社联建"工作中的关键问题。坚持目标导向就是以农民专业合作社的发展需求和打赢脱贫攻坚战为导向,进一步认识合作社发展中的短板,收集合作社社员的迫切诉求,大力开展产业与财务指导工作,一步一步朝着既定的目标努力。坚持效果导向就

是要以农民专业合作社效益提升和脱贫成效为标准，切实为人民谋利益、谋幸福，减少农村贫困人口数量。问题导向、目标导向以及效果导向相互贯通、相辅相成，应把三者有机结合起来，致力于解决农民专业合作社的发展问题，提高合作社的社会经济效益，带动贫困人口就业，减少贫困发生率。党的十八大以来，以习近平同志为核心的党中央高度重视脱贫攻坚工作，把脱贫攻坚摆到治国理政的突出位置，打响了一场脱贫攻坚战，确保到2020年农村贫困人口全部实现脱贫，实现全面建成小康社会。榕江县秉承党中央号召，积极投入脱贫攻坚战中，创新性地提出"社社联建"的发展方式，并取得了显著的社会经济效益。"社社联建"的提出和具体落实，体现出县政府负责顶层设计、农村信用社具体落实、村"两委"对接、农民专业合作社积极配合的逻辑思路。正是坚持了问题导向、目标导向、效果导向，榕江县的"社社联建"才能顺利且高效地落实下去。

3. 坚持质量第一、效益优先，把制度优势转化为治理效能

"社社联建"的质量和效能之间相互联系、相互作用、相互依赖、相辅相成，不可分割，构成一个有机整体。不能抛开其中一个去谈另外一个，只有二者结合，才能摆脱贫困，实现全面建成小康社会。实现二者的相互结合，就要依赖于社会主义制度的优越性，并将其转化为"社社联建"的治理效能。要实现转化就要始终坚持党的领导，通过理论指导实践，在实践中探索。榕江县"社社联建"之所以能够落到实处，并取得显著的社会经济效益，靠的就是把社会主义制度优势转化为治理效能。实践已经证明，中国共产党的领导是社会主义制度的最大优越性。党的领导和政府的主导是榕江县"社社联建"取得显著成效的根本保证。有了这样的保证，社会主义制度集中力量办大事的优势才能够展示出来。正是有了这样的保障，榕江县"社社联建"才能打好政府主导、农村信用社具体实施、村"两委"对接、农民专业合作社积极配合这张组合牌，从而使产业发展有保障、农民致富有路子、脱贫攻

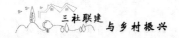

坚有底气。

(四) 巩固"社社联建"成果的路径选择

"社社联建"是盘活农村集体经济、实现乡村振兴、全面建成小康社会的重要举措。我们在总结榕江县"社社联建"的成效时,也需要关注其存在的问题,如相关政府部门的思想认识不到位,工作推进缓慢;合作社经营状况底数不够清楚,缺乏针对性指导,未能做到因地制宜;合作社规范管理意识不强,部分合作社配合不积极;合作社财务人员不稳定,文化水平偏低等。只有充分认识到当前"社社联建"工作中存在的问题,才能"对症下药",才能保障工作持续推进,才能取得显著的成效。

1. 因地制宜发展本土特色主导产业

"社社联建"实施成效如何最直接的体现是产业发展有没有惠及人民群众、有没有带动贫困人口就业以及有没有促进农村集体经济的发展,因此产业选择尤为重要。但是当政策落实到基层时,部分地区没有围绕省里确定的蔬菜、茶叶、食用菌等12个农业特色优势产业以及县里确定的"果、蔬、药、菌、猪、鸡"六大扶贫产业作为主导产业,导致地方发展的产业参差不齐,单打独斗的局面难以抵御市场风险,再加上市场体系不健全,农民的收益大大降低,严重挫伤了农民的生产积极性。为此,一是要在现有的基础之上发展特色优质产业,大力发展六大主导产业,将六大主导产业落到实处,让产业实现规模效益,加快新型农业经营主体发展,完善利益联结机制。二是要延伸产业链,发挥产品的最大效益,增加农民收入。同时,根据现代营销趋势,借助媒体平台,树立产品品牌,产生品牌效益,让当地特色产品能够在市场上占有一席之地。

2. 加大宣传力度,提升大众对"社社联建"的认识

"社社联建"作为新兴事物,为榕江县农村集体经济带来了发展机遇,农民专业合作社借此机遇实现了内部规范化管理、拓宽了融资渠

道、明晰了产业发展目标等。但是大众对"社社联建"政策的理解并不透彻，或者不清楚该政策的目的是什么。目前"社社联建"政策推行时间较短，除了经营农民专业合作社的或内部从业人员对政策有大概的认识之外，大众对该政策知之甚少。一项政策取得好的成效后亟须在地区进行推广，应该让民众了解政策所带来的好处，从而激发其参与积极性。比如，对"社社联建"政策进行广泛宣传，让大众清楚了解政策给人民带来的实惠，会激发民众参与农民专业合作社的热情，从而有利于地区发展新型农村经营主体，带动更多的农民就业，有利于农村集体经济的发展。为此，政府应发挥好主导作用，在地区广泛宣传"社社联建"政策，借助新型媒体、网络平台，如抖音、地方新闻频道等，提高大众对政策的认识。除此以外，村干部在政策的宣传上能够起到最直接的作用，而且在实施"社社联建"中村"两委"起到对接作用。因此，当地村干部要积极做好政策宣传工作，通过与农民进行面对面的交流，或在公告栏中张贴关于政策的解释，以提高民众对政策的了解程度，激发民众的参与热情，保障政策的实施与巩固。

3. 农村信用社全力做好产业与财务指导工作

"社社联建"中农村信用社扮演着政策具体实施者的角色，信用社如何统筹协调政策安排关系到政策的实施成效，其发挥的作用显而易见。农村信用社的工作人员对农民专业合作社进行产业与财务指导，其综合素质势必会影响当地农民专业合作社的进一步发展。实践中，农村信用社部分工作人员的综合素质较低，在对农民专业合作社的指导中缺乏科学性；思维固化，辩证看待问题的能力较弱；理论知识虽丰富，但实践能力较差，错误的产业与财务指导造成合作社的发展与社会发展、市场需求相违背，给合作社的发展造成不良影响，给社员及务工人员带来损失。为此，政府相关部门要加强对农村信用社工作人员的培训考核。一是加强产业选择和财务管理的培训，结合不同地区合作社的实际情况，针对存在的困难和问题"对症下药"；二是进一步明确"产业指

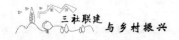

导员"和"财务指导员"的职责，进一步细化"社社联建"实施管理办法，确保各项工作执行到位；三是建立相应的考核机制，实行定期考核，确保质效提升；四是建立有效的督导机制，成立督导小组，定期开展督导，确保后续工作有保障。

4. 全力做好后续保障工作

发展"社社联建"是一项长期工作，相关组织机构要做好产前、产中、产后的服务工作，以保障此项工作稳步推进，达到促进农村集体经济发展、增加农民收入、缩小城乡差距、实现乡村振兴的目的。榕江县"社社联建"政策实施时间较短，当前尚处于探索时期，很多方面存在不足，尤其是缺乏经验的积累，导致政策实施考虑不全面，后续保障工作不健全，难以保障合作社的可持续发展。政策的落实必须要充分考虑到后续保障工作，不然会出现"有头无尾"的情况，使政策效果大打折扣，甚至会影响到政策实施主体的利益，使政策难以持续。为此，政策制定者要充分做好政策落实后的保障工作，不能让政策成为阻碍社会发展的绊脚石，应积极统筹协调安排好政策的各项工作。比如，"社社联建"政策不仅要对农民专业合作社进行高效的产业指导与财务指导，而且要搭建良好的产品销售平台，或给予政策支持延长产业链，提升产品的附加值，还可对土地流转给予政策支持等，以解决合作社的后顾之忧，让合作社更有精力去开拓市场，增加当地新型经营主体的力量，提高特色产业的竞争力，促进农村集体经济的可持续发展。

附　录

附录1　在榕江县"社社（行）联建"
动员大会上的讲话

时间：2020年6月4日
作者：马　磊
标题：在榕江县"社社（行）联建"动员大会上的讲话

同志们：

今天我们召开"社社（行）联建"动员大会，主要目的是认真贯彻落实中央、省、州脱贫攻坚决策部署，全面落实农村产业革命"八要素"，动员全县上下以"合作社＋农信社"形式全面开展"社社联建"，提高合作社运行质量，为脱贫攻坚和农业农村发展提供有力支撑。今天州信用联社从全州各县市选派来的34名"社社（行）联建"先锋队员也正式入驻榕江了，首先对他们的到来表示热烈的欢迎和衷心的感谢！

现场参会的很多同志可能还是第一次听说"社社（行）联建"，怎样理解"社社（行）联建"？为什么要开展"社社（行）联建"？具体又怎么来抓这项工作？围绕这些问题，我和大家做个交流。

一　什么是"社社联建"

抓好农村产业结构调整，既是稳定脱贫的根本之策，也是实现乡村振兴的长远之计。农民专业合作社作为农村经济发展的基本单元，是承接产业规模化实施、提升农民组织化程度、带动农民增收致富、促进农业现代化建设的重要载体。但就当前来看，全县农民专业合作社发展还存在不少问题，主要表现在三个方面。一是合作社发展不规范。全县合作社总数虽有681家，但真正运行正常的仅有342家，真正发挥作用的就更少，有相当一部分合作社有名无实。二是产业选择不精准。农民专业合作社社员的受教育程度普遍不高，导致农民专业合作社对市场行情掌握不准、对县里产业政策了解不透彻。长期以来，全县各村实施的产业存在随意性，产业发展以小规模、分散式经营为主，规模化程度低，精深加工能力弱，产业附加值低。三是财务记账不规范。大部分合作社没有专业财务人才，不知道怎么记账、财务不清，导致农民专业合作社做不大、做不强，容易出现纠纷扯皮，运作和管理随意性较大，社员受益小。

农村信用合作社是为农业、农民和农村经济发展提供服务的金融机构，网点遍布乡村，甚至还有"村村通"，与广大农民专业合作社距离最近。与农民专业合作社社员相比，信用社工作人员知识层次相对较高、掌握市场信息并反应灵敏、具备项目审查能力。由信用社工作人员担任农民专业合作社产业指导员和财务指导员，帮助选择产业和规范记账，同时吸收存款，可实现农村信用社和农民专业合作社之间的良性互动、共赢发展。

二 为什么要开展"社社联建"

"社社联建"这项工作非常重要，对我们深入推进农村产业革命、按时高质量打赢脱贫攻坚战、精彩接续乡村振兴具有重大意义。大家要从以下几个方面形成共识。

首先，"社社联建"有助于按时高质量打赢脱贫攻坚战。发展农民专业合作社不仅是促进农民增收的主要途径，而且是推进产业发展的基础。开展"社社（行）联建"，指导和扶持农民专业合作社发展，有助于把一家一户分散的农户和千变万化的市场联合起来，按照市场信息组织生产和销售，推进产业规模化、组织化、市场化。同时，通过推广"龙头企业＋合作社＋农户"的组织方式，合作社与农户尤其是贫困农户形成联系紧密的产业共同体、利益共同体，就能带动农民实现持续增收，让贫困群众获得持续稳定的收入，巩固提升脱贫攻坚成效，助力按时高质量打赢脱贫攻坚战。

其次，"社社联建"有助于精彩接续乡村振兴。乡村振兴，产业兴旺是重点。民以食为天，乡村振兴中的产业兴旺，首要就是让农业兴旺。对于农民来说，产业兴旺最大、最直接的意义，是解决两大问题：就业和收入。构建现代农业产业、生产、经营体系，离不开各类专业合作社的发展壮大。合作社产业选择好了，账记好了，发展壮大了，就能带动更多群众就业增收，龙头公司也愿意合作，产业可持续发展的动能也强了。再加上农村信用社强大的金融支持，合作社规模化、市场化的路子也就更宽了。合作社就会从"自由、散漫、无序、将就"的传统农业社会形态转变到"精准、有序、效率、协作"的工业化社会形态，农民收入水平提高了，就能更好地促进生态宜居、助于乡风文明、利于有效治理、实现生活富裕，最终让农业成为有奔头的产业，让农民成为有吸引力的职业，让农村成为安居乐业的美丽家园。

最后，"社社联建"有助于推进农村改革、解放农村生产力。"社社联建"的操作模式较小岗村"包产到户"稍微复杂，但给了激发基层活力的一把"金钥匙"，机制简单、易行，可推广、可复制。"社社（行）联建"的本质是基于对市场经济一般规律的深刻认识和尊重，其作用在于充分履行政府引导职能，用好政府有形的手，激活市场无形的手，通过信用社和合作社高效联动，打破农村生产力微观单位间的壁垒，推动市场要素有效流动，从而不断激发农村微观经济活力，是一项重要的经济体制改革措施。财务是企业的"牛鼻子"，财务指导员可以

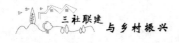

有效发挥财务管理在合作社运行管理中当好参谋、管好资金、开源节流的重要作用，为农民专业合作社提供支付、结算、财务培训与指导等其他金融服务，完善现代农民专业合作社财务制度。而产业指导员则帮助合作社把脉产业项目，提出产业建议，实现产业有钱赚，提升效益空间，增强合作经营的生命力。

三　如何开展"社社联建"

自 2020 年 2 月底启动"社社联建"以来，全县已实现 101 家农民专业合作社与农村信用社进行联建。农村信用社共指导 98 家农民专业合作社确定产业发展方向，指导 79 家农民专业合作社建立完善财务制度，对部分产业发展不科学、财务记账不规范的合作社进行了纠正，第一阶段工作取得了初步成效。第二阶段工作已在全县 261 个村全面推开，还可以进一步整合其他银行的资源实现"社社（行）联建"，推动农民专业合作社实现"产业科学、信用优良、运转健康"。全县上下要高度重视"社社（行）联建"工作，加强组织领导，明确工作职责，以务实的作风、扎实的工作，确保"社社（行）联建"不断取得新成效。

第一，要加强工作统筹调度。县"社社（行）联建"工作领导小组要进一步加强领导，全面贯彻落实中央、省、州关于培育发展农民专业合作社有关决策部署，加大工作推进力度，加强与各产业专班和 13 个保障部门的联动协调，常态化开展调度研判，严格按照任务清单和时间节点抓好各项工作的落实。要将"社社（行）联建"工作纳入县委、县政府重点工作和脱贫攻坚督查考核范围，加强工作调度，动态建立"社社（行）联建"工作台账，坚持"每日一调度、三天一研判、一周一小结、一月一推进"，确保工作抓紧抓细抓实。

第二，要坚持"社社联建"原则。要紧紧扭住"两大员"，坚持不扩大实施外延，不增加更多经济社会职能，坚持"公益服务、市场导向、示范引领"原则，确保可借鉴、可复制、可推广。要充分认识到开展"社社（行）联建"工作是榕江按时高质量打赢脱贫攻坚的一项重要任务，信用社参与"社社（行）联建"是主动承担脱贫攻坚责任的具体表现，在工作中要突出公益性，把主动服务放在首位，切实增强工作的自觉性、主动性和积极性，在主动服务的基础上努力实现信用社业绩增长和合作社发展壮大的共赢。

第三，要加强对合作社指导。产业指导员、财务指导员要从助推脱贫攻坚的政治责任高度来开展工作，围绕省、州确定的农业特色优势产业以及县里确定的"果、蔬、药、菌、猪、鸡"六大扶贫产业，按照县里制定的产业发展类别清单，指导农民专业合作社做好产业选择，推进产业规模化发展。要发挥财务指导员的作用，定期到农民专业合作社进行指导，帮助建立财务制度、规范财务记账工作，帮助农民专业合作社做到产权清晰、责任明确。县农村信用社要建立完善督查考核工作机制，督促指导员履行好工作职责，对成绩突出的指导员进行奖励，对指导不力的指导员及时调整，并按考核办法进行处置。

第四，要严格履行工作职责。各乡镇要加快与农村信用社、农民专业合作社签订三方协议，对三方权责和义务进行细化和明确。县农村信用社要配强产业指导员和财务指导员队伍，对产业指导员和财务指导员进行系统培训，切实提高对合作社的指导能力和水平；要加大对产业选择精准、财务规范的合作社的金融支持力度，通过推行利率优惠和提供融资绿色通道等措施，来支持合作社做大做强。广大农民专业合作社要积极参与进来，产业效益不好的，要抓紧按照全县六大扶贫产业及时调整产业；产业效益好的，要抓紧理好账目，在财务指导员的指导下，建立健全经营管理制度，完善运行机制，进一步扩大规模、做大做强，带动当地农户增收。各乡镇要统筹协调好辖区内"社社（行）联建"工作，积极引导农村合作社参与"社社（行）联建"，把发展意愿强烈的合作社负责人培训成真正懂业务、善经营的明白人和带头人。

第五，要发挥示范带动作用。要围绕"找准一批好项目、选择一

批重点社、培养一批带头人、打造一批示范点、形成一批新成果"的工作目标，坚持点面结合，注重示范引领，完成一批示范社创建工作。要充分运用"抓两头带中间"的工作方法，组织召开"社社（行）联建"现场会观摩、交流学习等方式，示范带动全面提升。要在大力推进工作的基础上，及时认真总结经验，提炼做法成效，形成一批具有影响力的理论成果、宣传品牌、经验模式。要充分利用电视、网络、报刊等融媒体平台，多渠道、多方式大力宣传"社社（行）联建"的经验做法，营造良好氛围。

同志们，产业发展是实现脱贫致富、推动乡村振兴的治本之举和长久之策。全县上下要坚决贯彻落实中央、省委、州委决策部署，全面对照"八要素"找差距、补短板、强弱项，以六大扶贫产业为抓手纵深推进农村产业革命，进一步深化"社社（行）联建"机制，全面提高合作社运行质量，为脱贫攻坚和农业农村发展提供有力支撑！

附录2 "社社（行）联建"工作手册

榕江县"社社（行）联建"机制概述

在脱贫攻坚最后总攻的关键时期，榕江县紧紧围绕按时高质量打赢脱贫攻坚战，全面落实农村产业革命"八要素"，按照推动传统农业向现代农业"六个转变"的要求，在推动产业组织化、规模化、市场化过程中，紧盯农民专业合作社这个关键主体，探索以"合作社＋农信社"形式构建"社社（行）联建"机制，打破农村生产力微观单位间的壁垒，实现各要素的有效流动，进一步解放农村生产力。

机制设计：农民专业合作社是农村产业革命中的一个重要环节。作为农村经济发展的基本单元，农民专业合作社是承接产业规模化实施、提升农民组织化程度、带动农民增收致富、促进农业现代化建设的重要载体。当前,农民专业合作社社员的受教育程度普遍偏低,导致农民专业合作社面临对市场行情掌握不准、对县里产业政策了解不透彻以及不知道怎么记账、财务不清的两大难题。农村信用社网点遍布乡村,工作人员具有知识层次相对较高、掌握市场信息并反应灵敏、具备项目审查能力等多重优势,榕江县引导组织二者高效互动,由农村信用社工作人员担任农民专业合作社产业指导员和财务指导员,帮助规范管理、推动产业发展,同时提供金融服务,最终实现二者良性互动、共赢发展。

榕江县"社社(行)联建"机制设计示意图

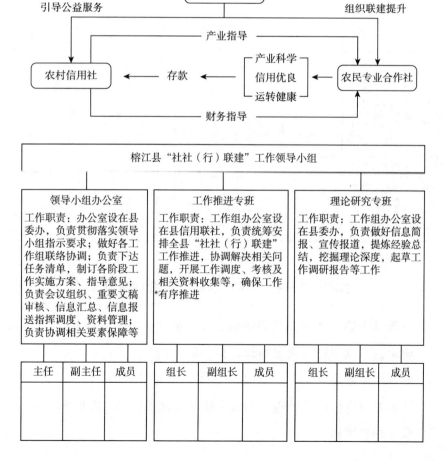

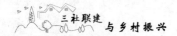

农村信用社产业指导员、财务指导员、片区分管领导领导名册

序号	片区	产业指导员	联系电话	财务指导员	联系电话	分管领导	联系电话	备注
1	古州镇片区							
2	八开镇片区							
3	计划乡片区							
4	水尾乡片区							
5	定威乡片区							
6	兴华乡片区							
7	忠诚镇片区							
8	栽麻镇片区							
9	寨蒿镇片区							
10	崇义乡片区							
11	朗洞镇片区							
12	乐里镇片区							
13	平阳乡片区							
14	两汪乡片区							
15	仁里乡片区							
16	平永镇片区							
17	塔石乡片区							
18	三江乡片区							
19	平江镇片区							
20	全辖							

榕江县"社社（行）联建"综合内务分工

乡镇（街道、社区）组织协调：党委第一书记或负责人

调度会方案制订（会议通知、材料编印）：

会议纪要梳理：

注：主要拟稿人为杨钧，如杨钧缺席会议则由杨文俊负责

会议纪要审核：

领导小组及办公室正式文件印发：

相关工作简报：

调度工作台账：

调度汇报材料：

注：相关工作要及时同工作推进专班领导汇报，材料上会前要送呈工作推进专班领导审核把关。

任务清单梳理：

重要理论文稿：

重要领导讲话：

新闻通讯及典型信息：

注：相关材料发布或上报前送呈理论研究专班领导把关审定。

相关资料归档：

相关工作协调：

榕江县"社社（行）联建"第二阶段工作方案要点

总体目标：以产业指导、财务指导为主要内容，以创建农民专业合作社示范社为抓手，让合作社"产业说得清、选得准，资金筹得到、用得好，账务理得清、信得过"，实现"产业科学、信用优良、运转健康"的目标。

工作任务：建立联建台账；配强指导员队伍；组织集中动员培训；开展一对一指导；开展示范社创建；强化总结宣传推广。

实施步骤：

第一时段：准备工作（5月15日至5月20日）。方案制订、组织机构、组建队伍、工作机制、动员大会、培训工作。

第二时段：对接联建（5月21日至6月20日）。乡镇集中培训、一对一指导、创建示范社、召开观摩会。

第三时段：巩固提升（6月20日至6月30日）。总结工作成效，

189

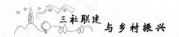

提炼典型经验，推出理论成果，建立长效机制。

　　工作要求：建立完善指导员督查考评制度，加强工作督查考评。实行日调度工作机制，每天及时建立工作台账、掌握工作进度；实行每周一报告的制度，确保各项工作有序推进。

榕江县"社社（行）联建"近期重要工作任务清单

下单时间：2020 年 5 月 25 日　　　　　调度时间：2020 年 6 月 10 日

序号	工作内容		完成时限	责任人	备注
1	建立第一阶段联建合作社信息台账。完善合作社联建中有关产业选择指导、完善财务制度、规范账本等信息		5 月 26 日前		已完成
2	编制系统培训教材	梳理产业目录列入教材，要求：一是符合国家相关政策的产业；二是省、州明确的重点产业；三是聚焦我县谋划的六大产业；四是有潜力的特色产业	5 月 26 日前		已完成
		编制财务培训资料，要通俗易懂、简洁明了、内容全面			
		将以上两项内容进行汇编制作成培训教材资料册子			
3	拟定"社社（行）联建"协议。由乡政府、合作社、信用社联合签订，明确各自工作职责、合作内容和方式，确定各方权、责、利等内容，文本要求简单易行，及时组织签约		5 月 26 日前		完成正在签订
4	建立完善指导员"考核制度"。完善细化对产业指导员和财务指导员的考核制度，原则上要与信用社绩效考核挂钩		5 月 29 日前		已完成
5	开展乡镇合作社集中培训。各乡镇党委、政府组织本辖区内"社社（行）联建"合作社开展一次集中培训，由信用社各片区"两大员"对合作社社员进行规范指导		5 月 29 日前		已完成
6	总结第一阶段工作。按照最新数据台账，对第一阶段缺失的几个数据进行补充，形成书面总结材料		5 月 29 日前		已完成
7	建立调度数据台账。在全面推进"社社（行）联建"工作的基础上，常态化跟踪完善数据台账，为总结成果提供数据支撑		5 月 30 日前		即时调度每天更新
8	筹备第二阶段动员大会。拟定会议方案，收集整理相关会议材料，统筹做好会务等相关工作		6 月 1 日前		已完成

序号	工作内容	完成时限	责任人	备注
9	撰写典型经验调研报告。深入实地调研，系统收集整理相关材料，提炼做法、总结成果，推出可复制、可推广的运作模式	6月1日前		已完成
10	打造示范社。选择20家产业前景好、资源禀赋好的合作社作为县级示范点优先打造，帮助解决实际困难问题，通过分类施策形成可复制、可推广的经验	6月10日前		正在推进
11	筹备现场观摩会。拟定会议方案，统筹协调相关会务工作，确保会议效果	6月15日前		
12	全面推进一对一指导工作。以全县还在正常运营的342家合作社为基数，积极组织、协调、推动"社社（行）联建"，指导合作社完成产业选择和规范账务管理工作，实现目标	6月30日前		正在推进

榕江县"社社（行）联建"首批示范社名单

序号	推荐方式	合作社名称	通讯地址	法人	联系电话	产业选择情况	乡镇负责人	产业指导员	财务指导员	管理情况	存在困难问题
1	古州镇推荐	榕江县阳光蔬菜种植农民专业合作社	古州月寨社区六组			蔬菜种植				财务管理正常	
2	自荐	榕江县康达种养殖农民专业合作社	古州古榕社区六村			生猪养殖、山庄、稻田养鱼、小香鸡				有记账人员	无信号接收，微信转账困难，资金短缺
3	平阳乡推荐	榕江县新农种养殖农民专业合作社	榕江平阳乡丹江村			蜜蜂养殖产业				财务管理正常	
4	两汪乡推荐	榕江县自然种养殖农民专业合作社	榕江两汪乡元帅村			青白茶				财务管理正常	
5	崇义乡推荐	榕江县崇义乡归里村鸿源农民专业合作社	榕江崇义乡崇义村			肉牛养殖				财务不规范	产业路尚未得到硬化
6	定威分社推荐	榕江县定威迅康种养殖农民专业合作社联合社	榕江县定威乡定旦村			种养殖				委托财务公司记账	工作人员不够
7	定威分社推荐	榕江县水尾村友方生态种养殖农民专业合作社	榕江水尾乡水尾村			种养殖				合作社财务人员自己做账	目前没有
8	朗洞分社推荐	榕江县原生种养殖农民专业合作社	榕江朗洞镇九董村			生猪养殖				设有专人记账、出纳人员	用电问题，农牧局已联系好榕江县供电局

续表

序号	推荐方式	合作社名称	通讯地址	负责人	联系电话	产业选择情况	乡镇负责人	产业指导员	财务指导员	管理情况	存在困难问题
9	乐里分社推荐	榕江县盛本有机黄金芽茶叶农民专业合作社	榕江乐里镇本里村			茶叶种植、加工				专人管理，制度明确，账务清楚	
10	平江分社推荐	榕江县平江镇利民黄牛养殖农民专业合作社	榕江平江镇巴鲁村			肉牛（西门塔尔牛）养殖				财务管理较规范	资金欠缺，能繁母牛设施尚未完善
11	平永分社推荐	榕江县佳合种养殖农民专业合作社	榕江平永镇中寨村			中药材种植				财务管理正常	
12	仁里分社推荐	榕江县华秦培植农民专业合作社	榕江仁里乡公街村			黑木耳生产及销售				财务管理正常	受疫情影响，复工复产开销较大，资金短缺
13	三江分社推荐	黔东南黔诚种养殖农民专业合作社	榕江三江乡冷衣村			百香果种植				按照"社社联建"模式进行账务管理	产业技术、资金问题
14	塔石分社推荐	榕江县塔石乡合发生态种养殖农民专业合作社	榕江塔石乡党相村			生猪养殖				财务管理规范	扩大经营，但缺少资金
15	栽麻分社推荐	榕江泰如种养殖农民专业合作社	榕江栽麻镇大利村			板蓝根、罗汉果种植				财务管理规范	无

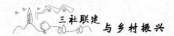

续表

序号	推荐方式	合作社名称	通讯地址	法人	联系电话	产业选择情况	乡镇负责人	产业指导员	财务指导员	管理情况	存在困难问题
16	寨蒿分社推荐	榕江县源康种养殖农民专业合作社	榕江寨蒿镇晚寨村			百香果、罗汉果、油菜种植、生猪养殖				合作社聘请专业会计进行做账和报税	销售渠道缩窄，希望能在榕江县城有个专柜或门店销售产品
17	忠诚分社推荐	忠诚镇盘崖村高黄芽蛋鸡养殖专业农民	榕江忠诚镇盘崖村			蛋鸡养殖				财务管理正常	资金和通信困难
18	兴华分社推荐	榕江县兴华乡归秀溪利民种养殖农民专业合作社	榕江兴华乡污秀村			白茶、生猪养殖				由兴华信用社代理	
19	八开分社推荐	榕江县三石生态特色养殖农民专业合作社	榕江八开镇亚类村			花椒种植				财务管理规范	还未产生效益，近期开销大，资金周转困难
20	八开分社推荐	榕江县计划乡摆勒村易发种养殖农民专业合作社	榕江计划乡摆勒村			竹鼠养殖				财务管理规范	销售困难

榕江县"社社（行）联建"合作协议文本

甲方：<u>榕江县农村信用合作联社</u>

乙方：<u>　　　　　　　　</u>专业合作社

丙方：<u>　　　　　　　</u>乡（镇）人民政府

为确保按时高质量打赢脱贫攻坚战，聚焦产业扶贫和产业结构调整，规范农民专业合作社管理，畅通农民专业合作社融资渠道，经甲乙丙三方充分协商，现达成协议如下：

一　合作期限

2020 年　　月　　日至　　　年　月　　日。

二　合作目标

聚焦全县六大产业，通过农民专业合作社与农村信用社"社社（行）联建"合作，引导农民专业合作社规范化、规模化发展，促进全县劳动力就业，金融信贷稳步增长，助推决战决胜脱贫攻坚，推动乡村振兴。

三　合作各方权利义务

（一）甲方

安排"产业指导员"及"财务指导员"对乙方的产业选择及财务进行指导。定期对乙方进行培训及财务指导，对合作社产业发展提出可行建议。

通过综合性金融业推动乙方稳健发展，扩大融资对象，推行利率优惠和提供融资绿色通道等措施，为乙方提供优质的金融服务，对有发展前景的给予金融扶持。

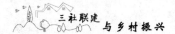

建立正常运营合作社台账，确保合作社情况清、台账明，形成指导清单，按时间节点有序全面推进。

加强对指导员的业务培训，切实提高对乙方合作社的指导能力和水平。建立完善督查考核工作机制，督促指导履行好工作职责，对成绩突出的指导员进行奖励，对指导不力的指导员及时调整和处置。

甲方对乙方的财务指导不收取任何费用，不得以乙方未在甲方营业网点开设账户为由拒绝对乙方的财务指导。

对在工作中知晓的乙方有关财务信息具有保密义务，不得以任何方式向外披露。

甲方要积极主动帮助乙方规范账户资金使用，主动为乙方代发各项资金。

（二）乙方

建立健全经营管理制度，完善运行机制，诚实守信，合法经营，做好产业发展带动当地农户就业。

为便于管理和业务指导，原则上应在甲方开设账户。

应向甲方提供全面真实的财务资料，便于甲方有效开展财务指导工作。

对甲方提出的专业指导意见，乙方应积极采纳。

（三）丙方

丙方负责统筹协调辖区内"社社（行）联建"工作，积极支持乙方通过参与"社社（行）联建"实现"产业科学、信用优良、运转健康"的发展目标。

协调甲方对辖区内合作社开展产业指导和财务管理等培训工作。

根据合作社运营状况，重点把发展意愿强烈的合作社负责人，培训成真正懂业务、善经营的明白人和带头人。

协调处理好甲乙双方联建工作中的有关事宜。

四　其他

（一）未尽事宜，各方可另行协商签订补充协议，补充协议与本协议具有同等效力。

（二）在协议期限未满时，因政策性原因需要终止的，经协商后可提前终止合作关系。合作期限届满后，如需合作可继续签订合作协议。

（三）本协议自三方签字盖章之日起生效。

（四）本协议一式三份，甲乙丙三方各执一份。

甲方（公章）　　　　　　　　　　乙方（公章）

法人（或委托代理人）签字　　　　法人（或委托代理人）签字

　　　　年　月　日　　　　　　　　　　年　月　日

丙方（公章）

法人（或委托代理人）签字

　　　　年　月　日

附录3　"社社（行）联建"调研报告

时间：2020年7月

作者：榕江县脱贫攻坚理论研究专班

标题：贵州榕江："社社（行）联建"激发农村生产力裂变的探索与实践

时任贵州省委书记孙志刚同志指出："我们深刻认识到，在脱贫攻

坚关键时期，靠常规办法来抓农业结构调整，难以在短期内取得成效，必须采取超常规、带有革命性的举措来促使全面变革。"他的讲话精神为我们创造性开展工作指明了方向。榕江县围绕按时高质量打赢脱贫攻坚战，认真落实农村产业革命"八要素"，按照"五步工作法"，创新实施"社社（行）联建"，打破农村生产力微观单元间的壁垒，提升农民专业合作社（以下简称"合作社"）发展质量，带动农村产业发展，促进农村信用合作社（以下简称"信用社"）收蓄资金，实现二者良性互动，为持续稳定脱贫、实现乡村振兴探索出一条新路。

一 时代背景

习近平总书记强调："消除贫困、改善民生、实现共同富裕，是社会主义本质要求，是我们党矢志不渝的奋斗目标。打好脱贫攻坚战，是全面建成小康社会的底线任务。"

榕江县是国家扶贫开发重点县，滇桂黔石漠化片区深度贫困县，总面积3316平方公里，辖19个乡镇、3个社区服务中心、1个街道办事处，261个行政村（社区），总人口37.9万人。2014年，全县有16个贫困乡镇、160个贫困村，建档立卡贫困户32712户、118900人，贫困发生率35.54%。截至2019年底，全县累计实现16个贫困乡镇减贫摘帽、137个贫困村出列、27861户126262名贫困人口脱贫，尚有未脱贫人口3974户、11793人，23个贫困村未出列，贫困发生率3.52%。

原贵州省委书记孙志刚在省第十三届人民代表大会上明确指出："强化党政一把手负总责的责任制，坚持大扶贫格局，注重扶贫同扶志、扶智相结合，深入实施东西部扶贫协作，重点攻克深度贫困地区脱贫任务，确保到2020年现行标准下我省农村贫困人口实现脱贫，贫困县全部摘帽，解决区域性整体贫困，做到脱真贫、真脱贫。"

榕江县针对贫困区域和贫困人口主要集中于农村的实际情况，决定将合作社和信用社作为突破口，查找合作社存在的问题和困难，发挥信用社的资源优势，协同发展农村产业经济，改变农村贫困现状。

合作社是农村经济发展的基本单元，是联结农户、龙头企业和市场的重要纽带，是推进农业生产专业化、标准化、规模化的重要载体，是促进农民增收的重要组织形式。榕江县有 681 家合作社，正常运营的合作社只有 342 家。长期以来，合作社存在产业不明、账目不清、资金不足；人才匮乏、谋划欠缺、动力不足；思想落后、信息闭塞、认识不深；文化偏低、管理松散，能力不足等情况，造成了不懂记账、不懂管理，专业化水平偏低，以及"自由、散漫、无序、将就"的经营乱象。这些问题严重制约了农村经济的发展，影响了决战决胜脱贫攻坚的顺利进行，已成为乡村振兴战略在农村落地落实的重要瓶颈。

如何改变当前的困境和现状？对此，榕江县高站位谋划、高质量要求、高速度推进，针对近年来中央、贵州省委关于脱贫攻坚、"三农"工作、经济发展、产业革命、合作社建设、乡村振兴等政策文件和会议精神等进行认真梳理和总结，确定了全县"果、蔬、药、菌、猪、鸡"六大主导产业，通过实施"社社（行）联建"对"产业指导员"和"财务指导员"进行系统培训，让"两员"指导和帮助合作社选择产业发展、建立财务制度、规范收支记账，促进合作社"产业科学、信用优良、运转健康"，以实现合作社的可持续发展。

二　初步成效

"社社（行）联建"自 2020 年 2 月启动以来，在工作领导小组的统筹协调下，截至 2020 年 5 月 18 日第一阶段结束，已完成对 101 家试点合作社的规范治理，推动联建双方供需互补、互利双赢，取得了一定成效。

"产业助手"有效。98 家合作社在"产业指导员"的帮助下，确定了产业发展方向，解决了"不知道发展什么产业"的问题。在加入"社社（行）联建"的合作社当中，发展六大主导产业的合作社占比为

74.26%，为全县扶贫产业规模化发展提供了有力支撑。扶贫产业有效带动当地农户劳务就业累计2249人次，实现增收2196.76万元，解决贫困户1311人就业，帮助增收1151.6万元。

"理财帮手"有用。通过"财务指导员"的悉心指导，合作社"不知道怎么记账""不知怎么填写支票"等问题得到有效解决，截至第一阶段结束，累计完成合作社在信用社开户96家，确立财务人员96家，建立财务制度79家，规范账本76家，现有资金记账73家。

"金融援手"有力。信用社为合作社畅通融资渠道，根据不同需求，提供"深扶贷""复工战役贷""易居贷""决胜脱贫贷"等信贷产品，82家合作社的股东在信用社获得以上产品贷款，累计金额达到4881.98万元，为合作社扩大生产经营规模和复工复产提供了资金支持。

三　实践经验

"没有调查就没有发言权。"通过调研发现，榕江"社社（行）联建"的操作模式较小岗村"包产到户"稍微复杂，但给了激发基层活力的一把钥匙，它将活跃在中国农村最前沿的两支"农字号"队伍进行有效联结，成为脱贫攻坚关键时间节点的有力抓手，是贯彻落实习近平总书记在决战决胜脱贫攻坚座谈会上的重要讲话精神和贵州省委提出的产业革命"八要素"的重要举措，信用社本着一分公益之心和社会担当，发挥人才优势，选派政治素质高、业务能力强的人员担任合作社的"产业指导员"和"财务指导员"，帮助合作社健康发展，带领贫困户脱贫致富，为榕江按时高质量打赢脱贫攻坚战和接续乡村振兴进行了有益的探索。其实践经验可以归结为"七子"。

①指导产业选择，选好了"路子"。习近平总书记强调："发展产业是实现脱贫的根本之策。要因地制宜，把培育产业作为推动脱贫攻坚的根本出路。"要发展产业，产业选择是第一要义。"社社（行）联建"把产业指导作为首项工作任务来抓，以实际行动贯彻落实总书记的讲话

精神。据统计，榕江县注册的合作社中目前有半数是"僵尸社""空壳社"，为什么会这样？分析原因，产业选择不清、不稳、不好是主要原因之一。通过"产业指导员"的指导，部分合作社紧紧围绕六大主导产业因地制宜确定产业，让产业的"路子"清起来、稳起来，好起来。比如，在榕江县三石生态特色养殖合作社调研时了解到，该合作社成立之初选择的产业为"鸡"，但受鸡瘟和技术的影响，惨遭失败。经过认真分析和比较，随后其迅速转型，将产业选择转移到"药"上来。其种植的 310 亩花椒长势喜人，负责人石涛脸上写满自信，他掰着手指给我们算了一笔账：第一年没有收入，第二年按 1 亩 100 株、1 株 25 元估算，一年收入约 77 万元，基本能抵去人工成本，依照花椒长势预测，第三年的收入将是现在的 3 倍，可达 230 多万元，收回投资成本后还有效益进行分红，他非常有信心带领 37 户贫困户脱贫致富。

　　②抓好财务培训，算好了"盘子"。财务是企业管理的中心环节。财务资源是企业最基本的资源，财务控制是企业最有效的控制，财务风险也是企业最致命的风险。合作社是农村生产力微观单元"企业"，但社员文化层次较低，不知道怎么记账，导致账务不清。财务控制不好，财务风险就大，会影响产业发展，所以，解决好规范记账问题是管理的核心问题。信用社通过开展财务培训，提升合作社会计的记账能力，算好了"盘子"，财务管理得到规范和形成制度。榕江县康达种养殖合作社负责人对"社社（行）联建"中的财务指导给予高度认可，他说："以前也有记账，但有时几天记一次，有时个把月才记一次，很不规范。现在好了，通过培训，我们只要有收入和支出，每天都记，并发到微信群，微信群成为'账务公开'的平台，财务得到规范，化解了以前相互之间的猜疑和矛盾，充分发挥了财务人员的理财作用，真正做到'管好账本，当好管家'。"

　　③选优配强头雁，健全了"班子"。大雁在漫长的迁徙过程中，总有头雁领航，体现出一种敢于承担责任的奉献精神。合作社在刚成立时

多是由"先富起来"的几个人牵头组织的,他们就是合作社的"头雁",就是让他们带领广大贫困户摆脱贫困,共同走向幸福的康庄大道。在调研中了解到,榕江的合作社多是"村社合一",村"两委"五大员就是合作社的理事长、监事、理事,"头雁"作用明显,产业发展相对较好,但是也有一些合作社的管理人员偏弱,导致管理松散,影响了产业发展。通过实施"社社(行)联建",管理机制不健全的合作社认识到健全"班子"的重要性,选优配强头雁,健全了"班子",激发了干事创业的动力。

④完善利益联结机制,串起了"珠子"。原贵州省委书记孙志刚强调:"要着力完善提升合作社。要完善利益联结机制,确保广大农民共享产业革命发展成果。"利益联结的出发点和落脚点是实现合作共赢、利益共享。合作社主要由股东和贫困户组成,如果没有完善的利益联结机制,就无法增强和激发合作社的内生动力和发展活力。在调研中了解到,贫困户主要通过扶贫资金、土地、技术、劳动力等方面入股合作社获得一定效益,年终分红的多少依据效益来定,少者几百元,多者几千元。股东和贫困户通过"合作社"这个平台,因利益而联结,他们就像"珠子"一样被串起来了。例如,榕江县月寨村阳光女子蔬菜合作社通过土地流转方式加入合作社,社员可根据自己的技术种植蔬菜,由合作社统一销售,每月按土地流转的多少来分红,这使"合作社有声誉,贫困户有收益",发展势头良好,目前已成为榕江合作社的样板示范社。

⑤促进产销对接,加快了"步子"。产销对接是促进产业发展的根本,是产业"八要素"的核心要素。合作社有产出产品就必须搞好产销对接。近年来在政府的引导下,榕江合作社的产销对接富有成效。特别是为落实省委省政府"冲刺90天,打赢歼灭战"的工作要求,助推"9+3"农产品上市销售,帮助全省各地打通农产品销售渠道,助力脱贫攻坚,榕江合作社的农产品不仅顺利进入贵阳市场,而且还被端上凯

里学院等高等院校师生的餐桌。调研中我们了解到，榕江县康达种养殖合作社因为与"海大集团"有很好的产销对接，并通过"社社（行）联建"获得专项资金，加快了发展"步子"，用看得见、摸得着的农文旅项目帮助贫困户增收致富。

⑥夯实发展根基，积累了"票子"。"社社（行）联建"就是信用社与合作社的"联姻"，一个大型企业，一个互助性经济组织，通过联建推动合作社从数量扩张向全面质量提升转变，让合作社"产业说得清、选得准，资金筹得到、用得好，账务理得清、信得过"，实现"产业科学、信用优良、运转健康"，实现二者良性互动，夯实农村发展根基，积累了"票子"，更好地服务于社会。"社社（行）联建"实施以来，第一阶段半数以上合作社获得信用社贷款支持，金额累计近5000万元，同时信用社从合作社吸纳存款2417.95万元。

⑦激活农村经济，播下了"种子"。原贵州省委书记孙志刚指出："发展产业是实现脱贫致富的根本之策、长久之计，也是推进乡村振兴的重要举措。下一步，榕江县将坚定不移纵深推进农村产业革命，全面对照'八要素'找差距、补短板、强弱项，推动农村经济在更大范围更深层次实现变革，走出一条符合贵州省情实际的现代山地特色高效农业发展新路，真正把贵州的绿水青山变成金山银山，为持续稳定脱贫、实现乡村振兴提供有力产业支撑。""社社（行）联建"的首要任务就是指导产业发展，助推产业振兴，就是鼓励和扶持合作社立足榕江，大力发展"果、蔬、药、菌、猪、鸡"六大产业。榕江用实际行动贯彻落实贵州省委指示的新举措，带动群众稳定增收，进一步激活农村经济，为乡村振兴播下了"种子"。

四　几点启示

"社社（行）联建"的实践和推进打破了农村生产力微观单元间的壁垒，实现了各要素的有效流动，破解了合作社缺人才、缺资金、管理

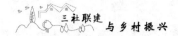

混乱等发展困境，进一步激发了农村活力、解放了农村生产力。榕江"社社（行）联建"模式的创立、实践及推广，给了我们如下几点启示。

启示一：做好顶层设计是前提。"社社（行）联建"是一个在特定的历史时期应运而生的"新型模式"。要操作好这个模式，如果没有好的顶层设计，将不知如何操作，也无法达到预期，更不会高效快捷地实现目标。要启动"社社（行）联建"，必须统一思想认识，做好顶层设计，明确联建意义，精心制订方案。县委、县政府领导靠前指挥，部办委局乡镇及信用社负责人主动担责，层层压实责任，建立"每日一调度、三天一研判、一周一小结、一月一推进"工作机制，做到职责清、任务明，着力构建"县、办、乡"三级联动，签订"乡、社、社"三方协议，全县"一盘棋"，推动一体化，确保工作抓紧抓细抓实。

启示二：明确底版色彩是关键。"社社（行）联建"要做什么？怎么做？做成什么样？首先就是要弄清底版色彩，在高质量做好底版的基础上，再来兼顾调色板。调度会多次强调，"社社（行）联建"的当代价值是打破壁垒，主要任务是指导产业和财务管理，核心是"两员"（产业指导员和财务指导员），操作程序越简单越好。要处理好四层关系，即处理好底版与调色板的关系，处理好政府引导与市场运作的关系，处理好信用社与合作社的关系，处理好理论研究与工作实践的关系。

启示三：加大合作力度是保障。"社社（行）联建"的基础是合作，双方的合作诚意决定了"社社（行）联建"的成色和成败。要加大宣传力度，让他们真正明白为什么要"社社（行）联建"？促使他们从"要我联建"及时变为"我要联建"，"两员"是合作联建的"牵线人"，"两员"工作态度是关键中的关键。为此，首先要真正建立一支想干事、能干事、干成事的"两员"队伍，必须要出以公心，尊重选择。同时要设立专项资金，通过完善考核机制，出台奖惩办法，来激发"两员"的工作热情和工作激情，促使乡镇政府、合作社和信用社经济上都有"甜头"。

启示四：接续乡村振兴是目标。乡村振兴，人才是关键。"社社（行）联建"为各类人才提供了大舞台。要创新联建人才工作体制机制，充分激发联建现有人才活力。要激励各类人才借助"社社（行）联建"平台在农村广阔天地大施所能、大展才华、大显身手，打造一支强大的乡村振兴人才队伍，在乡村形成人才、土地、资金、产业汇聚的良性循环。工作中，我们坚持社社（行）联建"搭台"，合作社"唱戏"，以激活农村生产力变革，持续发展壮大合作社经济，推动产业全面升级、农村全面进步、农民全面发展，助力脱贫攻坚，接续乡村振兴。

（执笔：李勇　杨子奇）

附录4　坚持合作社本质属性　依法推进合作社规范健康发展

时间：2018 年 7 月 17 日

作者：王忠林

2006 年全国人大通过了《农民专业合作社法》，填补了新中国成立以来我国合作社发展史上的法律空白，这是一件具有里程碑意义的大事。这部法律符合国际合作社通行的基本原则，适合我国农民合作社发展实际，并且为广大农民在合作社建设中留有了充分的空间和余地，是一部具有中国特色的农民专业合作社法。2017 年 12 月第十二届全国人大常委会第三十一次会议修订通过的《农民专业合作社法》于 2018 年 7 月 1 日开始施行。这是促进合作社发展的最新法律依据，对规范合作社的组织和行为、实施乡村振兴战略、推进农业农村现代化具有重要意义。当前和今后一个时期，合作社建设的主要任务是贯彻新的《农民

专业合作社法》，促进合作社建设循法治轨道健康持续发展。

　　这次合作社法的修订，无论是合作社地位、合作领域和业务范围、联合社组建等新增内容，还是合作社盈余分配、公积金量化、国家投入所得收益平均分配给成员等原有原则的坚持，都很重要，充分体现了全国人大对合作社发展的高度重视，增强了各地发展合作社的信心和底气。

　　合作社法在修改过程中，曾对合作社盈余分配相关制度规定进行了深入研究，显示出全国人大常委会对合作社盈余分配问题的慎重态度，因为合作社分配不仅涉及成员利益，而且影响合作社性质，事关合作社的发展方向。

一　按交易量（额）分配是体现合作社本质属性的重要原则

　　在合作社建设中，有三个概念不容忽视，即"人的联合"、"资本报酬有限原则"和"按交易量（额）为主分配"。人们往往由于对这三个概念及其关系的理解不同，引发合作社理论、立法和实践方面的争执。

　　事物是由本质属性决定的，事物之间的区别最根本的在于本质属性的不同。合作社的本质属性是"人的联合"，这一"质的规定性"与股份制公司"资本的联合"本质属性有根本区别，是合作社能够独立存在的关键所在。

　　合作社的建设有三条基本原则，即"资本报酬有限原则"、"一人一票"的民主管理原则以及"入社自愿、退社自由"的开放原则。这三条基本原则与股份制公司恰恰相反，股份制公司是"按资分配""以股权多少确定成员权利""成员只能出售股票但不能退出股份制公司"。各自的基本原则支撑和决定着各自的本质属性。

　　合作社的三条基本原则，充分体现了合作社"人的联合"的本质属性，其中"资本报酬有限原则"是不可或缺的重要原则，是合作社存在的必要条件。没有"资本报酬有限原则"，合作社就不能称为合作社。

合作社坚持"资本报酬有限原则"是无奈之举。合作社诞生之初，面对强大资本对市场价格的垄断，穷人只能以自己仅有的个人消费（后来逐步发展成生产资料的购买和成员生产产品的销售）联合起来，组成合作社抵御资本的挤压和盘剥（现在主要是联合起来提高市场竞争力），所以人们也称合作社为"弱者的联合"。有人建议合作社也可以实行按资分配，这实际有违合作社产生与组建的初衷。如是公司制企业就可按资分配，如是合作社就不能以按资分配为主，各自的本质属性使然，"挂羊头卖狗肉"不可，无论有意无意。

合作社"资本报酬有限原则"主要体现在两个方面：一是限制出资，减少合作社成员之间的资本悬殊；二是控制分配，防止出资多的成员侵占出资少的成员的利益。我国实行的是第二种办法，《农民专业合作社法》规定按交易量（额）"返还比例不得低于60%"，意即"按资金分配比例不得高于40%"。控制分配是很有效的办法，控制了分配其实也就等于限制了出资。

因此，《农民专业合作社法》的修订过程对"资本报酬有限原则"和"按交易量（额）分配"规定的考虑，在逻辑上是自洽和一致的，体现了合作社的本质属性。如果《农民专业合作社法》在已经确立了合作社"盈余主要按照成员与农民专业合作社的交易量（额）比例返还"原则，并且具体规定"返还比例不得低于60%"后，又允许合作社"可以按照章程规定或者经全体成员同意的其他办法"进行盈余分配，这相当于给资本报酬和分配制度开了一道口子，就会造成该法自身前后矛盾，导致合作社因"资本报酬有限原则"的缺失而丧失"人的联合"这一本质属性。

二　将合作社本质属性和法律规定作为合作社规范发展标尺

近年来，我国合作社迅速发展，为构建新型农业经营体系、增加农

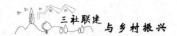

民收入、推进农业现代化发挥了重要作用，但也有一些合作社发展不规范，甚至背离合作社本质属性，这不仅违反了合作社法，而且对实践造成多种伤害。

其一，有悖合作社组建初衷，起不到应有的维护和保护广大普通农民利益的作用。农民合作社以其"人的联合"维护和保护广大普通农民利益而区别于其他农业经营主体，这一本质属性使合作社得以独立存在并深受广大农民青睐，农民需要合作社。但若合作社抛弃了"人的联合"这一本质属性，回归到股份制公司"资本的联合"的本质属性，就不是广大农民自己的经济组织，也不可能发挥出合作社应有的作用。实践中个别合作社甚至成为侵占农民利益的平台和少数出资者牟利的工具，以合作社的名义少数人侵占多数人的利益，造成了新的社会不公。

其二，为权力寻租提供可乘之机。一些不规范的合作社以合作社之名，行股份制企业之实，看似为广大农民服务，实则与合作社的成员主体——广大农民相分离。假合作社往往只是几个出资人的股份制企业，所以原来不应享受的政策现在有了"合法"路径，本应是多数人受益的政策变成了少数出资者独享。假合作社为腐败开了方便之门，使别有用心者借合作社之名套取国家财政补贴成为可能，造成国家财产损失。

其三，背离合作社本质属性是一种负能量，会误导农民偏离法治轨道。假合作社不仅不能发挥合作社应有的联合扶弱作用，而且会影响真合作社的发展，挤占真合作社的发展空间，影响现代农业经营主体正常健康发展。"造假获利"甚至"省力获暴利"的动力机制，如果得到默许、纵容甚至鼓励，就会对合作社建设起到反作用，甚至会造成农民走上偏离法治轨道的假合作社之路。

在法治社会里，法律是人们必须遵守的行为规范。我国已经颁布了《农民专业合作社法》，所以必须将《农民专业合作社法》作为规范合作社发展的基本标尺。

《农民专业合作社法》对专业合作社的要求是：①盈余分配以交易

量（额）为主，占可分配盈余比重不得少于 60%；②一人一票为主
（可设附加表决权）的民主管理办法；③入社自愿、退社自由的开放原
则。这三条是建设合作社的底线要求，也是判断合作社的重要标准，缺
一不可。同时该法还要求，合作社成员中农民比例必须占 80% 以上，
强调农民专业合作社要以农民为主体，达不到这个比例则不是农民专业
合作社。

判断真假专业合作社，主要是看是否符合《农民专业合作社法》
规定的三条底线，其中关于分配原则是理论和实践中争论的焦点。在合
作社分配上大体应该把握三点。

第一，专业合作社的盈余分配应该以交易量（额）分配为主。这是
《农民专业合作社法》规定的，并且符合国际合作社通行的基本原则。合
作社的交易量（额）主要是为成员购买生产资料或销售农产品、以商品
交易形成的"商品"交易量（额），另外也有为合作社成员自身进行农
机、植保作业服务而形成的"作业"交易量（额）。

第二，交易量（额）体现在成员与合作社之间。无论是商品的交
易服务，还是作业的交易服务，都应该主要是成员与合作社之间的交易
服务。而与非合作社成员的交易服务可以有，但只有成员与合作社之间
的交易量（额）才能作为判断是否"以交易量（额）分配为主"的
依据。

第三，必须落实"资本报酬有限原则"。一些综合经营性合作社因
其成员与合作社没有交易活动，不可能实行按交易量（额）为主分配，
所以综合经营性合作社需要在实践中探索，但前提是必须落实"资本
报酬有限原则"（除非法律另有规定的特殊类型合作社）。

实践中如何根据《农民专业合作社法》进行甄别，本文试分析以
下 6 个案例。

例 1，某地农民搞设施农业，盖大棚种植蔬菜。由于单户经营销售
成本高，农民自愿组成销售合作社。合作社有 50 个农民成员，其中 6

个成员出资20万元（每人1万～5万元）。合作社章程规定销售蔬菜后，扣除成本费用所剩盈余必须60%以上按交易额返给成员，其余部分按出资比例分配给出资成员。当地政府给予了这个合作社10万元资金扶持，他们每年盈余分配时平均量化到成员身上，所得的盈余分配给成员。合作社统一标准、统一销售，给予种植技术指导，合作社成员实行民主管理，每人一票，入社自愿、退社自由。

分析：这个合作社符合《农民专业合作社法》。其一，按交易额分配占60%以上，所以按资金分配比例肯定在40%以下，在分配上既符合我国法律要求，也落实了国际合作社通行的"资本报酬有限原则"，体现了合作社"人的联合"本质属性。其二，合作社实行了民主管理，一人一票。其三，合作社入社自愿、退社自由，体现了合作社开放原则。其四，国家投入收益分配符合法律要求，平均量化到当年每个成员身上作为成员个人分配依据。所以这个合作社是很规范的合作社。

例2，某地6个农民出资20万元组建蔬菜销售合作社。他们吸引20名种菜农民参加合作社，合作社为20个农民提供销售服务。成员中出资的6个农民是核心成员，20个种菜农民是非核心成员。合作社收购蔬菜时以每斤0.5元的价格先付给农民，销售后再补给农民每斤0.1元。合作社盈余扣除成本费用后按出资分配。合作社核心成员有表决权，非核心成员没有表决权。合作社入社自愿、退社自由。

分析：这个"合作社"不符合《农民专业合作社法》。其一，成员权利不平等。合作社有核心成员、非核心成员之分，并且非核心成员没有表决权，被排斥在合作社之外，非核心成员实际不是合作社成员。其二，合作社与非核心成员之间的关系是契约关系。第一次所付资金是预付款，第二次仍是销售款，不属合作社盈余分配范畴。其三，合作社盈余分配主要是按资分配。按资分配改变了合作社"人的联合"本质属性，所以这个经济组织不是合作社。

例3，由10个农民出资400万元组建现代农机专业合作社，财政补贴 600 万元，合作社为农民代耕，合作社章程规定所得盈余按出资额分配。

分析：这个为农民提供农机作业服务的经济组织也不是合作社，而是一个农机服务公司。其一，分配是按资分配。其二，被代耕土地的农民不是合作社成员，这个合作社只是 10 个出资人的股份制企业。其三，国家财政补贴的资金没有平均量化到成员，而是混在合作社资金里面，分红时谁投入资金多谁受益多，国家投入实际成了个人投入的匹配资金。其四，这个合作社所起到的只是农机服务公司的作用，没有起到合作社作用。因此这不是合作社。

例 4，某合作社 2400 户农民以 5 万亩土地经营权入社，其中有 7 户农民出资 800 万元。另外，财政补贴 1200 万元购买现代农机设备。合作社实行统一耕种、统一销售。社员代表大会决定，土地经营权入社等同交易量，每年合作社盈余必须拿出 60% 以上按土地面积分配，其余部分按资金（包括国家投入、社员出资和提取的公积金）分配，其中国家投入部分所得盈余平均分给当年合作社成员。这个合作社是否提取公积金由成员代表大会决定，提取的额度同记在成员账户的额度相等，与个人出资和国家补贴资金一起参与分配。

分析：这个合作社土地经营权入社后，土地交由合作社经营，合作社成为综合经营性合作社，因而不再是专业服务性合作社。由于合作社与成员没有交易活动，不可能产生交易量，所以不能按交易量（额）分配。但这个合作社把土地经营权数量（入社土地面积数量）等同于交易量，在合作社盈余分配中占 60% 以上比例，从而落实了"资本报酬有限原则"（只要土地分配占 60% 以上，按资分配就不会超过 40%）。另外，这个合作社实行"一人一票"民主管理和"进出自由"的开放原则，还按照合作社法要求，将财政投入每年平均量化到每个成员身上，作为成员个人分配依据，也都体现了合作社"人的联合"的本质属性。应该说，这是一个非常有创新的综合经营性合作社。顺便提一下，如果土地经营权折资入股，那么土地在合作社的占比有可能低于 60%，这时"资本报酬有限原则"难以落实，"人的联合"的本质属性也就随之失去。还需要说明的是，我国家庭承包经营的土地经营权之所以能够等同交易量，个人认为主要是因为我国家庭承包经营的土地有两个特点：一是每个农民家庭基本上都具有；二是具有的数量差距不悬殊。这两个特点与合作社的交易量（额）特点相类似，以其作为主要分配依据能够体现合作社"人的联合"的本质属性。

例 5，某地若干养鸡大户自愿组成养鸡合作社，养鸡分散在各家庭养殖大户，鸡蛋和肉鸡由合作社统一销售，合作社盈余按各大户与合作社交易额分配。

分析：这是典型的养殖专业合作社。各家庭大户分散养殖，合作社统一销售，合作社不追求自身利益，所得盈余按交易量（额）分配给成员。

例 6，某地 10 个农民出资 1000 万元（每人出资 100 万元）集中建养牛场，组建养牛专业合作社。合作社盈余按资分配。为了经营方便，合作社另挂企业的牌子，注册了公司。

分析：尽管这个经济组织成员的出资额相等，但因为按资分配所以不是合作社，其本质属性是资本的联合。应该说，这里不是合作社挂了企业牌子，而是企业挂了合作社牌子。假合作社通常的做法即"一套人马两个牌子"。

实践中，因实行按资分配而丧失"人的联合"本质属性的假合作社大有"社"在，甚至在某些地方已经成为一种普遍现象，必须依据相关法律规定仔细甄别判断。对假合作社造成的负面影响，要高度重视并认真解决，引导合作社建设循法治轨道健康持续发展。

三　依法加强规范治理，促进合作社建设健康持续发展

依法规范合作社发展，加强合作社有效治理，是解决目前合作社发

展中存在大量假合作社问题的重要路径，是广大农民的普遍热盼，也是我国建设社会主义法治社会的题中应有之义。建议如下：

首先，强化《农民专业合作社法》落实，依法规范合作社治理。《农民专业合作社法》颁布十多年来，各级党委、人大、政府做了大量工作，特别是原农业部等九个部委联合下发了《关于引导和促进农民合作社规范发展的意见》，一些地方还出台了地方性法规。但是，有些地方在执行上还存在一些问题，特别是在落实《农民专业合作社法》的宣传、指导、监督方面做得不够。实事求是地讲，合作社建设中出现的一些问题，特别是出现的假合作社问题，多数不是《农民专业合作社法》本身的问题，而主要是因为一些地方没有落实好《农民专业合作社法》。合作社建设循法治轨道发展，并不是在法律基础上对农民专业合作社提出更为苛刻的标准，而是强调要认真落实《农民专业合作社法》，改变某些有法不依的状况。因此，必须坚持合作社的本质属性，把落实合作社法作为最起码的工作要求、指导工作的基本遵循和必须坚守的原则底线。

诚然，严格按照《农民专业合作社法》办事，可能会导致合作社数量大量减少，但这是表面现象，实际减少的不是真合作社，而是假合作社。减少了假合作社不仅不会使合作社事业受损，相反会促进更多的真合作社产生，使广大农民从中受益。

其次，防止泛合作社化。在农村，家庭、合作社和公司制企业等不同经营主体都有各自的优势和发展空间。与家庭相比，合作社在经营行为的灵活、适应范围的广泛以及对经营者积极性的调动等方面可能要逊色一些；而与公司制企业相比，合作社又在资金的聚集、市场的反应、决策的敏捷等方面有着明显的不足和欠缺。我们既要看到合作社的优势，增强工作主动性，帮助引导农民组建发展合作社，又要认识到合作社的局限性，合作社不能包打天下，不能包医百病。

根据我国农业农村实际，增加合作社的经营内容是必要的，但有些经营业务合作社并没有优势，如果勉为其难，硬要在这些领域组建合作社，其结果必然是名义上组建合作社、实际运行的是公司制企业，造成事与愿违、适得其反的局面。这种不伦不类的经营主体不是广大普通农民需要的，虽然有些也能起到类似于公司制企业的服务作用，但真正的公司制企业发挥的作用远远超过假合作社，而假合作社造成的经济秩序混乱的代价则是社会难以承受也不应承受的。

组建合作社时要实事求是、因地制宜，采取积极而慎重的态度，防止合作社发展泛合作社化。不能用合作社代替其他经营主体，不能单纯将工商登记的合作社数量作为工作目标，也不应该在没有优势的产业、环节、品种、地域盲目发展合作社。各类经营主体并无优劣之分，发挥各自的优势，扬长避短，优化配置，打组合拳，把家庭、合作社、公司等不同类型经营主体组合起来，建设农业经营体系可能是较好的选择。

再次，规范合作社的会计决算环节。目前合作社的会计决算情况不尽如人意，有些合作社未按照相关法律和财政部规定进行会计核算，决算信息严重失真，"假决算"和"无决算"现象比较严重。因此，建立健全合作社决算是合作社循法治轨道发展的关键性基础工作。

财政部门要对合作社财会人员进行培训，加强对合作社决算工作的指导，尤其要指导好合作社的盈余分配，落实好"资本报酬有限原则"。另外，审计部门应加强对合作社特别是财政有投入的合作社的审计。搞好合作社决算，一是要建立决算。会计决算反映了合作社的阶段性经营成果，是成员参与合作社民主管理的重要基础，也是工商部门监管合作社必报的年度资料。《农民专业合作社法》及财政部合作社财会制度对此有明确的规定，合作社必须依法建立决算。二是决算要保真。实事求是，真实体现经营效果，不得弄虚作假，对弄虚作假行为要依法依规严肃处理。三是决算要规范。要按照财政部关于合作社决算的要求编制好决算，报表、账目齐全规范，决算要经合作社成员大会或代表大会审议；要按时公布决算，允许合作社成员随时查阅，提高成员参与管理能力，落实成员民主权利。

最后，加强对合作社专项、统一、规范的政策支持。近年来，国家和地方出台了一些合作社政策，这些政策对合作社发展起到了积极的促进作用。但是也存在一些问题，例如，缺少具有合作社特点的鼓励农民合作机制方面的政策激励，多数是与其他经营主体相同的产业政策，针对性不强，不能体现对合作社代表广大农民的专项帮扶。合作社是广大普通农民受益的经济组织，能够使广大普通农民直接受益，这一特点其他经营主体并不具备，理应得到特殊政策支持。特别应该强调的是，合作社政策支持的对象必须是真合作社，应严格禁止以合作社的名义支持假合作社。另外，当前合作社相关政策在财政补贴所有权属、各部门政策整合、中央和地方政策等多个方面存在不统一。建议以《农民专业合作社法》规定的分配原则为依据，量化各部门的资金支持，形成政策支持合力，促进合作社健康发展。支持合作社的政策标准要合法合规，过程要公开透明。哪个合作社符合标准就支持哪个合作社，优上劣下，一视同仁。

落实新的《农民专业合作社法》是一项综合性工作，我相信，只要各级政府及相关部门互相配合，协调工作，以新的《农民专业合作社法》为规范，坚持合作社的本质属性，鼓励农民改革创新，我国农民合作社建设就一定会循法治轨道发展，出现健康持续发展的新局面。

（作者系黑龙江省政府参事、中国合作经济学会副会长，黑龙江省委农村工作办公室、省农业委员会原主任）

后　记

　　榕江县位于贵州省东南部，黔东南苗族侗族自治州南部，地处月亮山和雷公山之间腹地。地跨珠江与长江流域，东邻黎平县、从江县，西与雷山县、三都水族自治县接壤，北与剑河县毗邻，南连荔波县。自2020年11月贵州省宣布榕江县正式退出贫困县序列后，榕江实现了由脱贫攻坚到乡村振兴的工作重心转移。农民专业合作社作为推进乡村振兴战略的有力抓手，新时期如何进行改革创新、提升治理能力是摆在榕江县委、县政府面前的重大课题。在此背景下，榕江县委、县政府通过大走访、大调研，在广泛收集具体信息的基础上，创造性地提出"合作社＋信用社＋供销社""三社联建"的做法，这是治理思维在农村基层组织中的成功应用，是供给侧结构性改革在农村组织层面的具体应用，是创新不同主体利益联结机制的有益尝试。

　　依托于贵州省首批新型特色智库——贵州基层社会治理创新高端智库在榕江脱贫攻坚期间的广泛调研，智库研究人员发现了榕江县在推动农民专业合作社高质量发展过程中"三社联建"的创新做法。经过集中讨论，深入剖析，他们觉得这一做法既有理论高度又有实践深度、既有普遍特征又有贵州特色、既有故事趣味又有学术基础，具有较强的可借鉴性和可推广性，是贵州县级政府基层社会治理创新的典型案例。因此，本书是在尊重基层社会治理首创精神基础上的集体智慧的结晶，是将著作写在贵州大地上的一次生动实践，也是贵州基层社会治理创新高端智库团队在探索党建引领县域基层社会治理领域的又一力作。智库团队将继续关注榕江县"三社联建"的进一步发展，跟踪调查"三社联建"后续实践中可能出现的问题，以问题为导向，及时把脉问诊，深入思考，久久为功，为提升贵州省基层社会治理能力贡献力量。

图书在版编目 (CIP) 数据

三社联建与乡村振兴：合作社、信用社与供销社综
合改革的"榕江探索" / 李建军等著. -- 北京：社会
科学文献出版社, 2022.11 (2024.2 重印)
　ISBN 978 - 7 - 5228 - 0963 - 2

　Ⅰ. ①三… 　Ⅱ. ①李… 　Ⅲ. ①合作社 - 研究 - 中国②
农村 - 社会主义建设 - 研究 - 中国 　Ⅳ. ①F279.242
②F320.3

　中国版本图书馆 CIP 数据核字 (2022) 第 195861 号

三社联建与乡村振兴
——合作社、信用社与供销社综合改革的"榕江探索"

著　　者 / 李建军　伍国勇　等

出　版　人 / 冀祥德
责任编辑 / 胡庆英　孟宁宁
责任印制 / 王京美

出　　　版 / 社会科学文献出版社·群学出版分社 (010) 59367002
　　　　　　　地址：北京市北三环中路甲 29 号院华龙大厦　邮编：100029
　　　　　　　网址：www.ssap.com.cn
发　　　行 / 社会科学文献出版社 (010) 59367028
印　　　装 / 唐山玺诚印务有限公司

规　　　格 / 开 本：787mm × 1092mm　1/16
　　　　　　　印 张：14.75　插 页：0.5　字 数：201 千字
版　　　次 / 2022 年 11 月第 1 版　2024 年 2 月第 3 次印刷
书　　　号 / ISBN 978 - 7 - 5228 - 0963 - 2
定　　　价 / 98.00 元

读者服务电话：4008918866